L'ÉTAT

ET

LA RÉVOLUTION

PAR

ARTHUR ARNOULD

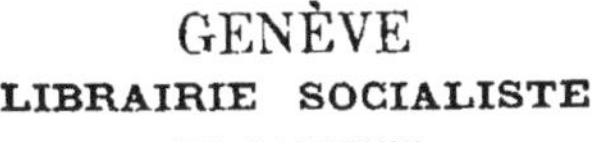

GENÈVE
LIBRAIRIE SOCIALISTE
DU RABOTNIK
26, chemin de Montchoisy, 26

BRUXELLES
H. KISTEMÆCKERS
LIBRAIRE-ÉDITEUR
60, Boulevard du Nord, 60

1877

L'ÉTAT

ET

LA RÉVOLUTION

L'ÉTAT

ET

LA RÉVOLUTION

PAR

ARTHUR ARNOULD

GENÈVE
LIBRAIRIE SOCIALISTE
DU RABOTNIK
26, chemin de Montchoisy, 26

BRUXELLES
H. KISTEMÆCKERS
LIBRAIRE-ÉDITEUR
60, Boulevard du Nord, 60

Genève. — Imprimerie du *Rabotnik*, Montchoisy, 26.

1877.

AVANT-PROPOS

Les pages qui suivent ont déjà paru, sous forme de *lettres*, dans un journal français.

Elles semblent donc s'adresser exclusivement à la France, s'occuper exclusivement des péripéties de la politique française actuelle.

C'est une erreur.

Il n'y a plus aujourd'hui de questions nationales proprement dites. — Il y a la grande lutte de la Révolution contre l'Etat, de l'avenir contre le passé, de l'Egalité contre le privilège, du Droit contre la force.

Cette lutte existe, — ouverte ou latente, — chez tous les peuples civilisés, quelle que soit la latitude géographique, quelle que soit la forme politique du gouvernement, — Empire, Monarchie, République, Pouvoir personnel ou Parlementarisme.

C'est en France, jusqu'à présent, que cette lutte a revêtu un caractère plus violent, c'est en France que les deux adversaires se sont saisis avec plus de fureur, que la bataille, depuis longtemps engagée, se poursuit avec le plus d'acharnement, à travers des péripéties plus dramatiques et plus douloureuses, mais le même antagonisme se retrouve, — modifié dans ses manifestations extérieures par la diversité des tempéraments et des milieux, — aussi bien chez l'Anglais que chez le Français, chez

l'Allemand que chez l'Italien, chez le Suisse que chez le Belge ou le Russe.

Si la France se meurt de Centralisation, d'unité factice et de Gouvernementalisme — poussés chez elle à des excès inconnus presque partout, hors de ses frontières,—si la théorie de l'Etat, si l'action du Pouvoir, l'ont réduite à la situation où nous la voyons, la livrant alternativement aux avortements révolutionnaires et aux coups d'Etat triomphants, il n'est pas un des peuples que nous venons de nommer qui ne soit plus ou moins dupe de sa foi persistante dans l'efficacité des formes politiques, qui ne demande, comme la France l'avait fait jusqu'au 18 Mars 1871, son salut à des institutions gouvernementales qui sont la négation absolue de la Révolution Sociale, et la rendraient définitivement impossible, au cas où le peuple n'arriverait pas à les jeter dans la poussière, sous ses pieds.

Ce qui arrête et stérilise l'action révolutionnaire en France, — c'est identiquement ce qui arrêtait, avant-hier, la Révolution en Italie, ce qui la faisait avorter, hier, en Espagne, ce qui la retarde et, demain, la rendra impuissante en Allemagne: — *C'est la théorie de l'Etat*, — que ce soit l'Etat républicain ou l'Etat monarchique, l'Etat *ouvrier* ou l'Etat *bourgeois*.

ÉTAT et RÉVOLUTION sont deux forces contradictoires, incompatibles.

Il s'agit donc de sortir de l'Evolution politique dont tous les termes aboutissent au despotisme en haut, à l'esclavage en bas, pour entrer sur le terrain de l'Evolution Sociale qui nous donnera la Justice dans l'Egalité, et l'Egalité dans la Liberté!

Mais, pour entrer sur ce terrain de la réalisation socialiste, il faut, d'abord, — répétons le, — renverser les barrières qui nous en interdisent l'accès, — c'est à dire ABOLIR L'ÉTAT ET TOUT L'ORGANISME POLITIQUE DONT IL EST L'INCARNATION SUPRÊME.

Genève. Octobre, 1877.

I

La Déception

La France semble atteinte d'une grande déception à l'endroit de ses gouvernants.

Après chaque Révolution nouvelle, — elle respire, elle espère. — Elle a manifesté sa volonté. — Elle croit que cela suffira. — Cela ne produit rien, et ce bon peuple de France aux illusions incorrigibles, s'en étonne.

Pour mon compte, je ne trouve d'étonnant que son étonnement.

Combien de fois, depuis quatre-vingts ans, n'a-t-il pas manifesté sa volonté, — et quand a-t-elle été respectée, obéie?

Il peut la manifester encore des milliers de fois, sans qu'il en soit jamais davantage.

Qu'il fasse la récapitulation de tous les ministres qui l'ont gouverné, — et ils sont aussi nombreux que les palinodies de M. Jules Simon! — qu'il fasse la récapitulation de tous les maîtres qu'il s'est donné, ou qu'il a subis, depuis Napoléon Ier jusqu'à nos jours, — et qu'il me dise ce qu'il a gagné, lui, peuple, à tous ces régimes qui n'ont jamais différé que d'étiquette.

Il a eu un parvenu de la Révolution, un Empereur de la gloire, qui l'a désarmé, réduit au silence et conduit à la boucherie.

Il a eu des rois légitimes, Louis XVIII, Charles X, qui l'ont livré aux jésuites et envoyé à confesse.

Il a eu un roi bourgeois, Louis-Philippe, qui l'a jeté en pâture à la féodalité industrielle et financière.

Il a eu une République qui, sous les ordres de Cavaignac, l'a fusillé et déporté en juin.

Il a eu un second Empire, qui l'a massacré et déporté au 2 décembre, et lui a légué une carte à payer de cinq milliards, sans compter l'avachissement des caractères.

Il a eu un gouvernement de la Défense nationale, qui n'a rien défendu.

Il a eu M. Thiers, qui, en queue de « la plus belle armée de la France », a pris Paris, — puis Mac-Mahon, dit « l'épée loyale ».

Après la colique de Broglie, et le panaris Buffet, il a même eu le cataplasme Simon qui a envenimé la plaie, et amené la gangrène Fourton.

Mais je constate qu'après chacune de ces innombrables révolutions, qu'après chacun de ces changements de personnel gouvernant, il a toujours été réduit un peu plus au silence, et qu'il est devenu, le lendemain de chacune de ses victoires, un peu plus suspect à ceux qu'il avait hissés, ou laissé arriver au Pouvoir.

Il s'en indigne, s'en afflige ou s'y résigne, suivant les circonstances, — mais il s'en étonne toujours.

Il me produit l'effet d'un jardinier qui, ayant planté un pommier, s'étonnerait de ne point récolter des cantaloups.

Il a planté l'Etat, le Pouvoir, la Centralisation, et il est stupéfait de ne voir fleurir ni la liberté, ni l'autonomie, ni les réformes politiques et sociales.

Il se fait, suivant une fiction légale, représenter par des gens qui ne sont pas lui, qui ont des idées et des intérêts ou des instincts diamétralement opposés à ses idées, à ses besoins, à ses volontés, et il ne s'explique pas comment ces prétendus représentants du peuple ne sapent les bases de l'ordre actuel qu'en l'étayant chaque fois qu'il branle, et ne le renversent qu'en lui tendant la main chaque fois qu'il trébuche.

Il est pris dans un filet aux mailles innombrables et serrées, qui s'appellent le gouvernement, l'armée, le clergé, la magistrature, l'administration, le code dont toutes les lois ont été faites jadis sans lui et contre lui, et il ne comprend pas pourquoi on ne tient pas plus de compte de ses réclamations qu'on n'en tient des sauts de carpe du poisson que la poêle attend.

Il a des gouvernants, qui, une fois au Pouvoir et maîtres absolus de toutes les forces vives, de toutes les ressources de la nation, — ne dépendent pas de lui.

Il a une armée, qui représente la force matérielle, — et qui ne dépend pas de lui.

Il a un clergé, une université, des professeurs et des maîtres d'école, qui enseignent ses enfants, — quand on les enseigne, — et qui ne dépendent pas de lui.

Il a des magistrats chargés de le juger et d'appliquer un code fait sans lui, — et qui ne dépendent pas de lui.

Il a des représentants qui, — du jour de leur élection, — ne dépendent que de leur conscience!

Il a des préfets qui l'administrent, — et qui ne dépendent que du ministre.

Il a des maires qui font la pluie et le beau temps dans la commune, — et qui ne dépendent que du Pouvoir.

Il a des conseils généraux, des conseils d'arrondissement, des conseils municipaux, qu'il nomme, il est vrai, et qui, — pourvu qu'ils ne s'occupent ni de politique, ni de religion, ni de réformes financières ou sociales, ni de quoi que ce soit qui ressemble à quelque chose, — ont le droit d'approuver les volontés du préfet, d'émettre les vœux qu'on leur permet, — et d'être dissous, quand ils ne répondent pas invariablement :

« Brigadier, vous avez raison ! »

Il a une police chargée de le protéger, et qui le surveille, qui n'est responsable que devant elle-même, — et qui ne dépend pas de lui, — de telle sorte qu'elle peut devenir le pire des fléaux, — on l'a vu sous l'Empire, — sans qu'il reste au citoyen d'autre ressource que d'obéir et de se taire... sans murmurer, comme disait M. Scribe de l'Académie française.

Et dans cette situation, alors qu'il est plus débile et plus emmailloté qu'un enfant dans les bras de sa nourrice, il s'étonne que ses volontés ne soient pas suivies!

— Oh! mais, dit-on, le peuple a des représentants qui ont mandat de supprimer ou de modifier tout cela.

D'abord, je ne connais pas de mandat qui puisse faire un démocrate de M. Jules Ferry, de la Défense nationale, ni un révolutionnaire de M. Gambetta, ce député de Belleville, après lequel M. Thiers ne trouvait plus rien à dire, ni un socialiste d'aucun de ces libéraux autoritaires, de ces avocats sonores et creux, de ces riches propriétaires, de ces industriels millionnaires, que le Suffrage universel a toujours subis, et subira toujours.

Ensuite, ceci prouverait que le salut du peuple et le triomphe de la justice sociale dépendent de deux miracles : — le premier, qui ferait sortir des urnes électorales une collection d'hommes représentant exactement les besoins, les volontés du peuple ; — le second, qui ferait que ces hommes extraordinaires, une fois au Pouvoir, ne trouveraient pas délicieux tous les abus qui, au lieu de servir contre eux, — leur serviraient!

Non, le mal, le mal qui nous tue, est plus haut et ailleurs. La coquinerie des individus l'aggrave sans le créer. Le mal n'est pas seulement qu'un ministre donne des ordres réactionnaires, mais qu'il puisse donner des ordres. Ce n'est pas seulement que les préfets soient Bonapartistes, Broglistes, Buffetistes ou Thiéristes, ou Mac-Mahoniens, mais qu'il y ait des hommes qui reçoivent et appliquent les ordres du Pouvoir, au lieu de recevoir et d'appliquer les ordres de la nation.

Le mal, c'est que le Pouvoir, c'est-à-dire l'Etat, soit autre chose que le très humble serviteur de la nation, une sorte de bureau général d'administration, chargé d'exécuter simplement les volontés, — transmises au centre, — de tous les groupes naturels qui constituent le peuple.

Non, les libertés, les droits, la prospérité, la dignité d'un peuple, ne peuvent dépendre de l'honnêteté ou de l'intelligence de ses gouvernants, du hasard qui fait que l'Etat aujourd'hui est d'accord avec la majorité, et du bon plaisir de ministres qui changent, qui meurent, qui sont à la merci de toutes les intrigues d'un parlement, sans communication lui-même et sans engagements légaux avec le pays.

S'il en est ainsi, comment s'étonner que toutes nos révolutions, ayant respecté l'omnipotence de l'Etat, le droit de l'Etat, aient toutes avorté misérablement? — Vous laissez l'arbre, et vous vous plaignez qu'il porte ses fruits naturels! — Vous laissez tout l'outillage du despotisme, et vous vous étonnez qu'il ne fabrique pas la liberté!

Qu'est-ce que l'Etat? — C'est l'autorité entre les mains de quelques-uns!

Qu'est-ce que la République? (1) — C'est le droit pour tous, le privilége pour personne, la libre initiative de toutes les forces individuelles et groupées, le développement intégral de toutes les autonomies politiques, sociales et productives.

Vous voyez donc bien qu'il y a là contradiction, antinomie, négation réciproque, et qu'il faudra nécessairement ou que l'Etat qui représente le principe d'autorité absorbe la République, comme il l'a déjà fait deux ou trois fois, ou que la République résorbe l'Etat, et lui substitue le jeu libre d'autres institutions diamétralement opposées dans leur but et leurs moyens d'action.

(1) En réalité, la République, — forme politique, — n'est qu'un gouvernement comme les autres, mais puisqu'une notable partie du peuple, en France, s'est ralliée à ce mot qui lui représente la Révolution, je me sers toujours du mot, afin d'être compris et d'éviter de trop longues explications, dont ce n'est point encore ici la place.

Tant que vous enverrez pour vous représenter des hommes qui parleront de fortifier le Pouvoir, d'agrandir le droit de l'Etat, de resserrer les nœuds de cette belle unité française que le monde nous envie, et qui ne nous a encore valu que des coups d'Etat, trois invasions, l'écrasement de toutes les initiatives individuelles chez le peuple le plus initiateur de la terre, et l'avortement d'une demi-douzaine de Révolutions, sans compter la grande, — ne croyez pas avoir de la République autre chose qu'une belle et trompeuse étiquette sur un ballot monarchique.

II

La Représentation du Peuple

Notre sort est-il entre les mains de celui ou de ceux qui nous gouvernent?

Peut-il dépendre d'un gouvernement, quel qu'il soit, à un moment donné, d'interrompre, d'arrêter ou d'entraver, tout au moins, la marche du pays, de lui crier: — Halte! demi-tour à droite! En arrière! — Arrrche?

Oui, parce que l'Etat est tout, et la nation, rien.

Or, remarquez-le bien, que ce soit le maréchal Mac-Mahon qui soit à la tête de l'Etat, ou M. Gambetta, ou Napoléon IV, ou Henri V, ou Pierre, ou Jacques, — cela ne changera point le fond des choses.

L'Etat tiendra toujours tout dans ses mains, vous dépendrez toujours des volontés, des préjugés, des caprices, de l'honnêteté des ministres, ou de leur chef; vous serez toujours à la merci d'une intrigue parlementaire quelconque, et il suffira toujours d'un changement de personnel, aujourd'hui plus libéral, demain plus rétrograde, pour contraindre la France à marquer le pas sur place, ou à reculer.

Tel est le gâchis dans lequel nous pataugeons depuis quatre-vingts ans. Telle est l'impasse au fond de laquelle la Révolution trois fois victorieuse, depuis trois quarts de siècle, va se briser le crâne, dans ses plus beaux élans, pour retomber sanglante et inanimée, à la discrétion des corbeaux et des vautours.

Quand on rapporte le mot de Louis XIV . L'Etat c'est moi ! tous nos libéraux bondissent d'indignation.

Quand l'Etat moderne dit : La France, c'est moi ! — et agit en conséquence, — quelle différence y voyez-vous ?

Il a raison, vous lui avez tout donné, il est le plus fort, il peut tout, — il est tout !

— Mais, répondez-vous, je suis le peuple souverain, moi ! — Tous ces gens qui me gouvernent, qui me rationnent ma part de liberté, d'existence, d'air respirable, qui taillent et qui rognent dans mes droits, qui légifèrent envers et contre tout, particulièrement contre moi, — ne tiennent leur pouvoir que de moi !

— En ont-ils moins le pouvoir ?

— C'est moi qui les nomme !

— En êtes-vous moins gouvernés ?

— J'ai mon bulletin de vote, — je les change !

— Et plus vous les changez, plus c'est toujours la même chose !

D'abord, parce que vous les changez à l'heure fixée par eux, dans les conditions voulues et préparées par eux, de telle sorte que vous n'êtes jamais mis à même d'empêcher le mal que quand il est fait.

Ensuite, parce que le mal a des racines plus profondes.

Emondez l'arbre tant qu'il vous plaira, il n'en poussera pas moins ses branches, et si c'est un mancenillier, vous n'en serez pas moins empoisonnés, chaque fois que vous irez vous reposer à son ombre.

L'erreur c'est de croire qu'en changeant l'investiture du Pouvoir, on en change la nature.

Le roi Bomba disait en parlant de ses soldats, d'ailleurs très braves contre le peuple : — Habillez-les de vert, habillez-les de rouge, ils fuiront toujours devant l'ennemi.

Il en est de même du Pouvoir. Qu'il s'exerce au nom du droit divin et héréditaire, ou au nom de la souveraineté populaire et du droit électif, il sera toujours le Pouvoir, et vous serez toujours la chose inerte qu'on administre, qu'on dirige, qu'on gouverne.

Qu'il porte au front l'huile sainte du sacre, ou la poudre de la barricade, ou le bulletin de vote, — l'Etat, représenté par un homme ou par une Assemblée, n'a-t-il pas toujours les mêmes prérogatives, la même omnipotence?

Du moment que vous avez dit *oui*, avec plus ou moins de connaissance de cause, plus ou moins de liberté morale ou matérielle, n'appartenez-vous pas à ce Pouvoir, qui sort de vous, et qui n'est plus vous ?

Si on disait à un condamné à mort :

« Le bourreau ne sera plus nommé par l'administration, tu l'éliras toi-même, et, avant de te trancher la tête, il déclarera que c'est en vertu de ta propre Souveraineté qu'il te coupe le cou, » — croyez-vous que le sort du guillotiné en serait essentiellement changé?

Eh bien! cette théorie est celle de la *Souveraineté deléguée,* celle de toute la vieille génération révolutionnaire et des jeunes néophytes qui aspirent au Pouvoir.

Pas d'illusion. — Jamais l'Etat, quelque nom qu'il prenne, ne sera véritablement démocratique, ni même *libéral,* — c'est-à-dire soumis aux volontés de la nation.

Comment voulez-vous que celui qui commande — obéisse?

Jamais il ne sera ni la liberté, ni l'égalité, puisqu'il est l'Autorité, par conséquent le privilége, c'est-à-dire le contraire de la liberté et de l'égalité.

Sera-t-il davantage la justice et la sécurité?

Mais il n'y a point de justice là où il n'y a ni liberté vraie, ni égalité. Et comment serait-il la sécurité, lui qui sera toujours fatalement la reproduction exacte des lumières, des préjugés, des passions, des capacités et de l'honnêteté de ceux en qui il se personnifie?

Ouvrez l'histoire, depuis quatre-vingts ans.

Quand le même fait se reproduit toujours, c'est que la cause persiste. Quand trois monarchies différentes aboutissent à la même chute, pour avoir commis les mêmes excès; — quand deux Républiques sur trois aboutissent au coup d'Etat; — quand la troisième République présente les mêmes symptômes alarmants, et n'a vécu, pendant sept ans, que de l'impopularité et de l'impuissance de ses ennemis, — non de sa propre vitalité, — c'est qu'il y a un vice constitutionnel dans les institutions.

Vous dites à chaque fois:

— Je choisirai mieux mes représentants, je prendrai d'autres hommes.

Vous avez donc toujours mal choisi?

Soyez moins modestes. — Oui, vous choisissez mal, mais pouvez-vous choisir mieux? — On vous demande et vous cherchez l'impossible, — à savoir le représentation du peuple, de la nation.

Tout le système dictatorial, autoritaire, gouvernemental, — trois synonymes, — repose sur cette idée insensée que le peuple peut être représenté par d'autres que par lui-même.

Personne ne peut représenter le peuple, car personne, mieux que lui, ne peut connaître ses besoins, ses volontés.

On représente des intérêts définis, circonscrits, limités, — on ne représente pas une abstraction.

On représente une commune, on représente un groupe économique, on représente un corps de métier, — on ne représente pas le peuple.

L'Etat ne vous représente donc pas. Il ne représente que lui même. — Or, vous et lui, ça fait *deux*, et *deux* ne feront jamais *un*.

Que diriez-vous d'un homme qui, ayant une épine dans le pied, s'aviserait de changer de chaussure dans l'espoir de se guérir ?

L'épine, c'est l'Etat, — les gouvernements sont les chaussures qu'on change, — et voilà pourquoi votre fille est muette !

III

Centralisation et République

M. Gambetta — l'espoir de la future République ! — déclare chaque jour, à qui veut l'entendre, qu'il n'est pas « décentralisateur ».

Il prétend, d'ailleurs, être républicain.

M. Gambetta pourrait-il me citer une seule République centralisée, unitaire, qui ait vécu, et qui n'ait pas abouti au despotisme personnel ?

Ne parlons pas de la République romaine, qui a donné au monde César, Auguste, Tibère, Néron, Caligula et autre représentants de «l'ordre moral» du temps. Mais la France a déjà eu deux Républiques unitaires et centralisées, sans compter celle qui est tombée de Thiers en Mac-Mahon.

La première, la grande, celle de 92, fut unifiée et centralisée avec une énergie à laquelle rien n'a manqué.

On se rappelle sa devise : — *Une et indivisible*— ou la mort!

Et la mort, en effet, n'a pas tardé à venir, — pour la République.

Un général vainqueur, profitant de l'occasion, s'empara du Pouvoir, et comme celui qui tient le Pouvoir, tient tout, grâce à la Centralisation, la République unifiée et centralisée aboutit à l'Empire.

En 1848, nous avons eu une seconde République unifiée et centralisée. Résultat : un second coup d'Etat, et un second Empire!

— Oh ! répondaient nos républicains autoritaires, avant le 16 Mai, — Napoléon Ier avait pour lui la gloire et le génie, tandis que nos généraux actuels ayant été aussi battus qu'on peut l'être, — sauf Garibaldi, qui n'est pas français et n'aspire pas au trône présidentiel, — nous sommes aujourd'hui bien tranquilles de ce côté-là !

Donc, — d'après votre propre aveu, — la 3e République n'avait pu se sentir rassurée sur son avenir et contre les coups d'Etat, que par les hontes et les incapacités de tous ses généraux?

S'ils avaient été vainqueurs et glorieux, — par conséquent populaires, — vous reconnaissez vous-mêmes qu'il y aurait eu lieu de craindre?

Eh bien, les évènements viennent de prouver que c'était encore un excès d'optimisme.

Il n'en faut pas tant, là où l'Etat existe, pour vous conduire à coups de sabre, ou à coups de bottes.

Ni le génie, ni la gloire, ni la capacité, ni l'intelligence, ni le courage, ni la popularité, ne sont nécessaires.

Il n'y a que d'être au Pouvoir!

Le cheval de Caligula y suffirait.

Le Maréchal Mac-Mahon y a suffi.

C'est justement le vaincu de Reischoffen et de Sedan qui a fait le 16 Mai!

Quant au 2 Décembre et à la chûte de la seconde République, nos partisans de l'Etat ont une autre réponse.

N'ont-ils pas réponse à tout, et d'autant plus facile qu'ils ne s'inquiètent point des démentis sanglants donnés par les faits!

—Le Président de ce temps-là,—disent-ils,—était un scélérat sans foi, ni loi, qui n'a reculé ni devant le parjure, ni devant le massacre.

Jean Hiroux aussi était un affreux bandit. Il n'en est pas moins vrai que s'il n'avait pas eu un couteau, et que si sa victime n'avait pas été désarmée, en vertu des lois tutélaires qui nous protégent et interdisent le port des armes, — de telle sorte qu'il n'y a que les assassins qui soient toujours armés, — il n'aurait pu égorger un imprudent promeneur sans défense, dans la plaine Saint-Denis, à deux heures du matin.

Le couteau de Jean Hiroux, — c'est la Centralisation!

Avec cet instrument politique, aussi tranchant que contondant, il suffit que l'homme au Pouvoir soit dépourvu de principes d'honneur et pourvu d'audace, pour faire le coup d'Etat qui lui convient.

Tout à l'heure, ô Centralisateurs, votre République ne pouvait vivre que par l'impopularité de ses généraux. Maintenant, elle ne peut vivre que par l'honnêteté ou les scrupules de celui que les circonstances ont mis à sa tête.

Vous appelez cela vivre!

Eh bien, supposez un Napoléon III quelconque, président de la Confédération suisse, et si parjure, si coquin, si peu scrupuleux qu'il soit, la République, en Suisse, ne s'en portera pas plus mal. — Pourquoi? — Parce que là Jean Hiroux n'a point son couteau, — la Centralisation, — et parce que le peuple a son revolver, — la Fédération!

Comment essayer un coup d'Etat? — Le président, le gouvernement, n'a point d'armée à ses ordres. Si, à la tête d'une poignée de factieux, un *Sauveur* s'emparait de Berne, il trouverait devant lui vingt et un cantons fédérés, outillés pour leur défense, vivant de leur vie propre, ayant des armes, des magistrats et le reste.

Centralisez demain la Suisse, et, après demain, vous compterez une monarchie de plus en Europe.

— Ce n'est pas cela, — répond, sans doute, M. Gambetta. — La Centralisation n'est mauvaise que parce que le président n'est pas républicain. S'il était républicain, elle serait, au contraire, excellente.

La Centralisation ressemble alors à ce fameux remède contre le choléra, qui était bon pour les menuisiers, et mauvais pour les charpentiers.

Et c'est le même homme qui déclare « qu'il ne se sent pas libre » devant la pression gouvernementale, qui crie à tue-tête :
— Vive la Centralisation !

Et ce sont ces mêmes députés, qui s'excusent de ne pouvoir remplir leur mandat, sous prétexte qu'ils sont impuissants à le faire triompher des résistances ministérielles... ou autres, — qui l'applaudissent !

Ils sont incurables !

Il y a six ans, après la chute de Paris, préparée, acclamée par eux, et le désarmement de toutes les gardes nationales, — c'est-à-dire du peuple, — voté par eux, ils allaient baiser les souliers rouges de M. Thiers, disant, pour se justifier, qu'il tenait l'avenir de la France entre ses mains, — ce qui était vrai, puisqu'il avait le gouvernement et l'armée, — et que, ne pouvant lutter contre lui, il fallait bien l'amadouer.

Hier, ils se serraient derrière l'*Opportunisme*, comme un troupeau de moutons effarés à la vue du loup-sénat, ou de toute autre apparition menaçante, — et leur excuse était la même :

— Le gouvernement peut tout, — disaient-ils. — Nous, représentants du peuple souverain, nous ne pouvons rien ! — Un conflit, pensez-y donc ! La lutte de la souris, — le peuple, — contre le chat, — la Centralisation ! — Si M. Fourtou arrivait au pouvoir, il nous changerait nos Préfets. — (La Centralisation !) — Si M. J. Simon partait, on poursuivrait tous les républicains, nous serions tous menacés d'un procès Rouvier ! — (La Centralisation!) — Et le ministre de la guerre sans contre-poids. Brrr! ça fait froid dans le dos, rien que d'en parler! — (La Centralisation!)

Eh! messieurs, qu'importe un Fourtou à l'intérieur, si ce sont les départements qui choisissent l'homme chargé de les administrer?

Qu'importe le ministre de la justice, si les magistrats sont nommés à temps par les justiciables?

Qu'importe le ministre de la guerre, si l'armée permanente fait place à la nation armée?

Tout ce que vous craigniez est arrivé. — Le conflit a eu lieu, — on a changé vos préfets, — on vous a poursuivis!

Êtes-vous convertis?

Avez-vous compris la leçon?

Non. — Au fond, vous avez plus peur du peuple que de tout le reste, et vous vous garderiez bien d'ébrécher le grand sabre de la Dictature qu'à votre tour vous espérez ceindre un jour ou l'autre.

IV

Une Solution Pratique

Proudhon, parlant de la classe dirigeante, dit, dans sa *Correspondance* (t. V, p. 51):

« C'est une caste bête, immorale, avide, sans principes, « toujours prête à piller la fortune publique et à exploiter le « pauvre, et s'accommodant pour cela également bien de l'empe- « reur, de la République, de l'Eglise et du roi. »

Aussi a-t-on vu M. Thiers s'accommoder de la présidence de la République versaillaise, et voit-on ses amis s'accommoder non moins bien de la République monarchico-cléricale qu'ils comptent régir avec les décrets de l'empire.

Ce sont les malins de la bande.

Ils ont fini par comprendre que, pourvu qu'on baillonnât le peuple et que l'on conservât le Pouvoir absolu aux mains de la classe dirigeante, il importait peu que le baillon fût blanc, noir ou bleu, que le Pouvoir s'appelât République ou Monarchie.

Ils ont beau faire, pourtant, le peuple commence à comprendre, lui aussi, d'où vient le mal, et à s'expliquer pourquoi toutes ses victoires d'un jour sont des défaites de vingt ans.

Il s'aperçoit que cette belle unité française produit le despotisme, comme on respire, — par une loi naturelle.

Il s'explique que, grâce à elle, ce sont et ce seront toujours les plus forcenés réactionnaires de l'époque qui gouvernent et gouverneront, et que cette France, patrie des initiateurs du monde, est condamnée à n'avoir à sa tête que des écrevisses.

La défense piteuse des *Opportunistes* eux-mêmes finira par ouvrir les yeux aux plus aveugles.

Que disent ils? — Les réformes doivent être mûres, — c'est-à-dire acceptées de tous, ou, tout au moins, de l'immense majorité, — de telle sorte que la réforme la moins incontestable, la plus urgente, ne peut voir le jour tant qu'elle dépassera le niveau intellectuel des habitants de *Fouilly-lès-Broglie* ou de *Fourtou-lès-Badingouins*.

De là cette conséquence qu'avec le système unitaire, — la capacité, l'intelligence et l'instruction n'étant rien, le nombre étant tout, — ce sont les plus ignorants, les plus arriérés, les plus encroûtés, qui ont la haute voix, et font le gouvernement à leur image.

Il y a une ville que le monde admire, et qui le gouverne par ses idées :

C'est Paris.

Cette ville est la capitale de la France et le cerveau de l'Univers.

Résultat : — Elle est gouvernée par les représentants de *Lorgeril-lès-Toqués* et de *Cumont-lès-Ignorantins.*

Ce sont les Béotiens qui commandent dans Athènes et lui disent : — Halte là !

Ce sont les culs-de-jatte qui crient aux ingambes : — Défense de marcher et de courir ! — Ordre de se traîner dans la crotte des vieilles ornières !

En France, tous les centres intelligents en sont là, et tandis que M. Gambetta effare, par sa hardiesse, quelques bourgs pourris, que le républicanisme de M. Dufaure donne des cauchemars aux décapités parlants du Sénat, Paris, Lyon, Marseille, etc., doivent se coucher à plat ventre et ramper dans le marais réactionnaire dont ne veulent pas sortir les larves ennemies du mouvement et de la lumière.

Voilà ce que nous vaut votre Unité, votre omnipotence de l'Etat ! — C'est le monde renversé, le triomphe de la stupidité, l'apothéose de tous les vieux préjugés rancis dans les caves du passé.

Sans ces deux boulevards de tous les despotismes, Paris et les grandes villes diraient aux retardataires :

« Mes libertés vous effrayent, mon idéal vous cause de l'hor- « reur ? — Gardez vos Dufaure, vos Buffet, vos de Broglie, vos « Fourtou. Faites-vous juger par leurs juges, administrer par « leurs préfets, confesser, — vous, vos femmes, vos filles et vos « petits garçons, — par leurs capucins. Moi, en attendant que « vous soyez *éclairés,* comme il n'est pas plus juste que je « subisse votre idéal, qu'il ne vous semble juste que je vous « impose le mien, — je vais nommer mes juges, ma police, « expulser mes capucins, et m'administrer moi-même, suivant « mon goût et mon degré de développement moral.

« Nous avons des intérêts communs, qui sont le maintien et « la défense de l'indépendance nationale, l'entretien des voies

« de communication, les postes et télégraphes, etc., etc. Nous
« ferons donc un petit pacte fort serré pour cela, et nous aurons
« des gens chargés d'y veiller.

« Pour le reste, chacun chez soi. — S'il me plaît de changer
« les conditions de la propriété, de proclamer la famille libre,
« d'organiser la production, la distribution et la consommation
« des richesses communales, sur un plan tout différent du
« vôtre,—cela ne touche point à vos intérêts, ni à vos préjugés.
« — Vous garderez, pour vous, la belle organisation sociale qui
« vous charme, vous en jouirez tout votre saoûl, et même au-
« delà. — Des goûts et des couleurs, il ne faut pas disputer.

« Donc vous respecterez mes goûts et mes couleurs, comme
« je respecterai les vôtres.

« Nous verrons bien vite qui a tort, qui a raison, qui est le
« plus heureux, de vous ou de moi.

« Si je me trompe, je reprendrai vos béquilles, — mais si je
« ne me trompe pas, ayant démontré le mouvement par la seule
« démonstration possible, — le mouvement, — c'est vous qui
« jetterez vos béquilles.

« D'ici là, j'aurai vécu, moi aussi, à ma guise, suivant mes
« besoins propres, mes enfants et les arrière-petits-fils de mes
« petits-fils ne seront pas condamnés, sans profit aucun pour
« personne, à suivre vos modes, et à boire l'affreuse piquette
« sociale qui convient à vos gosiers ignorants des vins généreux
« de la liberté et de l'égalité.

« Si vous arrivez à voir clair et à comprendre à votre tour,
« tant mieux pour vous! En attendant, ne me parlez plus de la
« société à sauver. La société est l'ensemble des institutions
« au sein desquelles se développent une certaine quantité d'in-
« dividus. Ma société, si différente qu'elle soit de la vôtre, sera
« une société au même titre que la vôtre.

« Je sais bien que les oies ont sauvé le Capitole, — mais elles
« ne gouvernaient pas Rome.

« Bien du plaisir chez vous, — et au revoir. »

Cette solution si simple, si logique, si *pratique*, est la seule possible, si l'on veut éviter d'horribles crises, suivies d'épouvantables reculs.....

LE CAPITAINE GARCIN : — *Rrrrran !*

V

Souveraineté de l'Etat, ou Souveraineté du Peuple

Un individu mange des champignons, et se trouve empoisonné. Le médecin lui donne de l'émétique et le remet sur pied. Aussitôt il court à son cuisinier, et lui dit :

— Les champignons d'hier à la sauce blanche m'ont empoisonné ! Demain, tu les accommoderas à la sauce brune.

Notre individu mange les champignons à la sauce brune. Second empoisonnement, seconde visite du médecin et seconde cure à l'émétique.

— Parbleu ! — dit-il à son cuisinier, — je ne veux plus de champignons à la sauce brune ou blanche. Demain, tu les feras frire.

Troisième empoisonnement, avec accompagnement de médecin et d'émétique.

— Pour cette fois, — s'écrie notre homme, — on ne m'y repincera plus !... Maître Jacques, faites confire les champignons.

Les champignons confits l'empoisonnent de nouveau.

— Mais c'est un imbécile ! — dites vous. — Qu'il jette les champignons au tas d'ordures, et qu'il n'en mange plus.

Soyez moins sévères, je vous en prie, car cet imbécile, c'est vous, c'est nous, c'est l'humanité entière.

Voilà quatre à cinq mille ans que vous accommodez l'Etat, — c'est-à-dire le Pouvoir, l'Autorité, le Gouvernement, — à toutes les sauces, que vous faites, défaites, taillez, rognez des constitutions sur tous les patrons, et que l'empoisonnement continue.

Vous avez essayé des royautés légitimes, des royautés de fait, des royautés parlementaires, des Républiques unitaires et centralisées, et la seule chose dont vous souffriez, le despotisme, la dictature de l'Etat, vous l'avez scrupuleusement respectée et soigneusement conservée.

La leçon des événements ne vous a pourtant pas manqué, et, après le 4 septembre, vous avez pu voir, pendant cinq ans, qu'une Chambre élue s'entendait aussi bien, en fait d'état de siége, de compression et d'arbitraire, qu'un monarque quelconque.

— Oh! c'était la Chambre du « jour de malheur », — répond-on. — Puis, j'avais oublié de lui dire quand elle devait partir et ce qu'elle avait à faire.

La question n'est pas là. Le fait, c'est qu'une Chambre, sans autre pouvoir exécutif que le sien, élue par vous, peut, si elle le veut, vous gouverner à sa guise, ne tenir aucun compte de vos vœux, de vos besoins, de vos volontés, et que vous n'avez aucun moyen de les lui imposer. Le fait, c'est qu'au lieu d'une dictature à une tête, vous avez la dictature à 500 têtes!

Le mal n'est pas d'être gouverné par tel ou tel, — roi absolu ou constitutionnel, République avec ou sans président.

Le mal consiste essentiellement en ceci: — c'est que l'*autorité ne se partage pas, que la force ne se partage pas.*

Si c'est l'Etat qui a l'autorité, vous ne l'avez pas.

Si c'est l'Etat qui a la force, vous ne l'avez pas.

Or, si vous n'avez ni l'autorité, ni la force, — qu'avez-vous? — Rien!

Vous êtes à la discrétion de l'Etat. — Vous êtes sa propriété, la chose. — Vous lui appartenez, et il ne vous appartient pas, et, par conséquent, vous ne vous appartenez pas à vous-mêmes.

— Oh! la prochaine fois, je prendrai des garanties, et je ferai faire, par mes Représentants ordinaires, une Constitution qui liera si bien l'Etat qu'il ne pourra plus exécuter un seul mouvement sans ma permission.

Vous reconnaissez donc qu'il faut prendre des garanties contre l'Etat, qu'il est nécessaire de le lier? — Il est donc dangereux?

Qu'est-ce que c'est, alors, que cet Etat dont vous ne pouvez, soi-disant, vous passer, et duquel vous devez toujours vous défier et vous défendre?

Mais qui sera chargé d'appliquer ces lois contre l'Etat, chargé de vous protéger contre les empiétements, l'omnipotence et la dictature de l'Etat? — L'Etat naturellement, car si vous faisiez vos affaires vous-mêmes, l'Etat n'existerait plus.

Alors vous dites à la dictature :

En vertu de tes pouvoirs dictatoriaux, c'est toi qui auras mission de te réfréner, de te modérer et de te contrôler toi-même. — Etat, je te confie le devoir de mettre l'Etat à la portion congrue!

Cela vous paraît absurde? — C'est pourtant là ce que vous recommencez tous les quinze ans, après chaque révolution.

— Il faut bien un Pouvoir central, une autorité suprême, pour faire appliquer et passer dans les lois les volontés du peuple souverain. — Pourvu que je jouisse de toutes les libertés nécessaires, plus l'Etat sera fort, plus je serai fort moi-même, puisque l'Etat me représente.

Vous les avez eues déjà, toutes ces libertés, soit en droit, pendant la première Révolution, soit en fait, pendant quelques mois ou quelques jours, après 1848 et le 4 septembre. Vous avez eu et pratiqué le droit de réunion et d'association, vous avez eu la liberté de la presse, vous avez eu, par la garde nationale, la nation armée, — et on vous a toujours retiré tout cela.

Pourquoi ?

Parce que la liberté et la dictature ne peuvent coexister ensemble, qu'il y a antinomie absolue, qu'il faut que l'une supprime l'autre.

L'Etat, à chaque fois, est venu dire :

— Je ne puis plus gouverner, je ne suis plus le maître. Pour vivre, il me faut certaines conditions. Je suis menacé, je péris.

Et il avait raison, il disait vrai.

Aussi vos représentants, et vous-mêmes, imbus également de la religion de l'Etat, de l'idée de la nécessité de l'Etat, tous, vous avez répondu :

— Reprends ces libertés avec lesquelles tu ne peux fonctionner. Charge-toi de la Police, de la Défense, de la Justice, de l'Instruction, de l'Administration. Moi, je me réserve de te charger de tout. C'est en cela que consiste ma Souveraineté.

Vous espérez toujours que, grâce au progrès, il arrivera un moment où l'Etat sera occupé par des gens représentant exactement vos idées, et, alors, ce jour-là, la dictature de l'État devenant, en fait, votre propre dictature, la question serait résolue.

Détrompez-vous. Si cet accord impossible devait jamais exister, il n'existerait pas plus de vingt-quatre heures, par cette bonne raison que vos Représentants, devenus à leur tour l'Etat, auraient aussitôt les mêmes intérêts que l'Etat, et que l'intérêt de l'Etat étant le Pouvoir et la Centralisation, ou la dictature, et votre intérêt étant la liberté, ou l'autonomie, la scission et l'antagonisme se rétabliraient immédiatement par la seule force des choses.

Cessez donc de chercher à combiner le feu et l'eau, le droit du peuple et le droit de l'Etat.

La Souveraineté du peuple s'appelle la Liberté. La Souveraineté de l'Etat s'appelle la Dictature.

La première s'exprime par le groupement libre des autonomies naturelles. La seconde s'exprime par la Centralisation et la compression uniforme sous le même niveau.

L'une s'appelle l'*Union*, — c'est l'association.

L'autre s'appelle l'*Unité*, — c'est la caserne.

VI

L'Unité et l'Union.

Il y a un certain nombre d'années, la guerre civile éclata dans le canton de Bâle, en Suisse.

La campagne et la ville ne s'entendaient point.

Les uns se disaient écrasés par les autres, les autres refusaient les concessions demandées par les uns. Cela dura quelque temps. On se battit avec des chances diverses, le sang coula, et l'antagonisme devint chaque jour plus marqué, de telle sorte que la Confédération dut intervenir et envoyer des troupes fédérales pour mettre un terme à cette lutte aussi fratricide que déplorable.

Savez-vous ce qui arriva?

— Parbleu! Le gouvernement fédéral fit fusiller les insurgés, déporter les survivants, et TRIOMPHER LA LOI!

Du tout! On ne fusilla pas même les blessés, les femmes, les enfants et les vieillards.

On dit aux belligérants:

« Vous n'êtes point d'accord? La constitution qui vous régit convient aux habitants de la ville, et ne convient pas aux habitants de la campagne? — Eh bien, mes bons amis, divorcez! Il y aura, désormais, deux cantons de Bâle, — Bâle-ville et Bâle-campagne, — qui se gouverneront à leur guise! »

Et l'on brisa la « belle unité » bâloise.

Depuis ce temps, la paix la plus profonde n'a cessé de régner dans le pays, la prospérité s'est accrue, les haines se sont apaisées, et l'*Unité* brisée a produit l'*Union*.

Voilà une solution à laquelle vous n'auriez pas songé, certes, et dont la seule mention ferait dresser les cheveux sur la tête de nos hommes d'Etat français.

Ce système fédéraliste accomplit pourtant bien d'autres miracles, et notamment celui-ci, qu'il supprime *tout ce qui sépare* les peuples, les individus, les classes.

On parle sans cesse de la Suisse, comme d'une nation quelconque. — C'est un tort, il n'y a pas de nation, de peuple suisse.

La Suisse se compose de trois races, ennemies partout ailleurs, parle trois ou quatre langues différentes, se divise entre deux religions inconciliables. Les Suisses sont allemands, français, italiens, catholiques et protestants. — Autant de causes de haines et de déchirements dans l'Europe entière! — Ils s'adorent!

Unifiez la Suisse, et voilà les haines qui surgissent.

L'Allemand, en vertu du nombre, écrasera le Français et l'Italien. — L'Italien et le Français ne rêveront plus que séparation et soulèvement.

C'est ce que vous voyez en Autriche, où les Slaves, les Allemands, les Hongrois, les Italiens, ne cherchent qu'à s'entre-dévorer, et se détestent cordialement.

C'est qu'en effet, il y a des intérêts communs qui unissent tous les hommes, à quelque race qu'ils appartiennent, sous quelque latitude qu'ils soient nés, quel que soit leur degré de développement intellectuel et moral, leurs mœurs particulières, leur idéal personnel.

La fédération les unit par là, — et c'est ce qui la rend indissoluble.

Pour le reste, elle leur laisse la pleine et entière disposition d'eux-mêmes. — Elle respecte leur individualité dans tout ce qu'elle a de légitime, elle leur remet directement la solution du problème de leur propre bonheur. — Et c'est là ce qui constitue l'*Union*, qui est juste le contraire de l'*Unité*.

L'unité est toujours factice, contrainte, imposée. Elle ne peut se maintenir que par la force, — c'est-à-dire par la dictature de l'Etat, du gouvernement. On lui donne toujours plus qu'on n'en reçoit.

Sa formule nécessaire est · — UN DIEU, UN ROI, UNE LOI!

L'unité est une vieille idée biblique au fond, qui provient d'une fausse idée de la création.

Elle repose sur cette fable d'un couple unique, sorti des mains de Dieu. D'où il suit, en effet, que tous les hommes étant *frères* et *enfants du même Dieu*, la même loi convient à tous, que tous doivent la subir.

C'est l'idée catholique, préconisée par la papauté, de l'*Unité de la Foi*.

Les papes étaient et sont logiques.

Nos révolutionnaires fous d'Unité et de Centralisation sont dans l'absurde.

Soyons conséquents.

Si la même foi n'est plus imposée à tous, — pourquoi imposer à tous la même loi?

Si vous m'accordez le droit de croire ce que je veux, pourquoi ne m'accordez-vous pas le droit de me créer, avec ceux qui partagent mes opinions, ou seulement mon tempérament, une société politique et civile, conforme à mes idées, à mes besoins?

Que craignez-vous, si je ne vous contrains pas de la subir avec moi?

S'il m'est permis de repousser le Dieu de la Bible, de ne pas obéir à la discipline catholique ou protestante, pourquoi m'imposez-vous de croire au Code Napoléon, et d'obéir à vos réglementations arbitraires sur la famille, la propriété, le travail, etc. ?

Vous admettez bien, en cuisine, qu'on ne peut imposer le même régime à tous les estomacs.

Vous admettez bien qu'on ne peut habiller tous les hommes du même vêtement fait sur une mesure uniforme, qui serait trop long pour les uns, trop court pour les autres, trop large pour celui-ci, trop étroit pour celui-là.

Pourquoi voulez-vous que 36 millions de Français soient contraints d'endosser toutes les lois, élaborées par trois ou quatre cents d'entre eux, en un local quelconque, sis à Versailles ou à Paris ?

Est-ce qu'il n'y a pas, en Europe, des Allemands, des Russes, des Belges, etc., qui vivent chacun sous ses lois propres ?

Croyez-vous qu'il y ait plus de différence entre un Belge et un Français, qu'entre un ouvrier parisien, qui nomme Victor Hugo, et un paysan bas breton, qui nomme le capitaine de Mun ?

Cherchez, combinez, inventez, — vous ne trouverez jamais une loi qui les satisfasse tous deux également. — Et, comme elle ne les satisfera pas, il faudra la force, la contrainte, c'est-à-dire le despotisme, — c'est-à-dire ce que nous avons depuis deux mille ans.

En un mot, au nom de l'*Unité*, vous romprez l'*Union*, et, en broyant toutes les initiatives, vous rendrez plus douloureux et plus profonds tous les antagonismes.

Vous semerez l'injustice et la violence, — vous récolterez la tempête et la guerre civile.

Faisons la part exacte entre les intérêts universels et les autonomies légitimes.

Il n'y a pas d'autre solution.

Il y a des intérêts communs à l'Europe entière, — de là, la Fédération européenne.

Il y a des intérêts communs à tous les Français, — de là, la Fédération nationale.

Mais c'est tout. — La fédération nationale, — comme la fédétion européenne, — doit se composer de groupes libres et autonomes, règlant souverainement tout ce qui touche leurs intérêts propres et la satisfaction de leurs besoins individuels, — soit politiques, moraux et sociaux.

Hors de là, vous n'avez et vous n'aurez jamais que l'écrasement uniforme de tous, au profit d'un être de raison qu'on appelle l'Etat, — et qui est notre ennemi.

VII

L'Autonomie.

Le grand argument des partisans du rôle de l'Etat centralisateur et de la Dictature gouvernementale est celui-ci :

Que deviendra *Fouilly-lès-Oies*, que deviendra *Cancrelet-lès-Bretonnants*, si nous leur abandonnons le soin de s'organiser et de s'administrer eux-mêmes? — Ils se donneront aux jésuites, la réaction y élèvera ses forteresses, nous y verrons refleurir le moyen âge, l'obscurantisme, etc.

Nous leur répondons :

Avec votre système, que deviennent Paris, Lyon, Marseille, Bordeaux, Toulouse, Dijon, etc., etc., — en un mot, tous les grands centres intelligents, mûrs pour le progrès, la liberté politique et l'égalité sociale ?

Ont-ils la possibilité de s'administrer selon leurs idées et leur tempérament ?

Non.

Et, s'ils avaient cette possibilité, appliqueraient-ils immédiatement, — (les uns plus, les autres moins, suivant leur niveau moral), — toutes les réformes, ou la plupart des réformes qui figurent sur les programmes de leurs députés et de leurs conseillers municipaux ?

Oui.

Si le conseil municipal de Paris, ou de Lyon, administrait souverainement la cité, croyez-vous que les habitants de ces deux communes ne jouiraient pas, demain, de la liberté d'association, du droit de réunion, de l'instruction gratuite, obligatoire, laïque, intégrale et professionnelle, et de la séparation de l'Eglise et de la Commune, etc., etc. ?

Evidemment si.

Donc, en admettant que *Fouilly-lès-Oies* et *Cancrelet-lès Bretonnants* dussent reculer de quelques millimètres, Paris, Lyon, toutes les grandes villes, une partie des petites, et même pas mal d'autres communes rurales, avanceraient d'un nombre considérable de kilomètres.

La France y perdrait-elle ?

La Révolution en serait-elle entravée ?

Le Progrès en serait-il retardé ?

Il y aurait vingt, trente, quarante foyers lumineux sur cette noble terre de France, où poussent toutes les idées d'affranchissement, où naissent tous les élans généreux, et le génie de la nation liée par vos chaînes unitaires, boiteuse de votre boulet gouvernemental, pourrait enfin s'épanouir, rayonner paisiblement, sortir des éternelles théories pour s'implanter sur le sol vigoureux des faits et de l'action.

Quant au recul dont vous vous effrayez pour les campagnes et les bourgs pourris de la réaction, — rassurez-vous.

Quelles sont les libertés qu'ils pourraient sacrifier?

L'Etat les a toutes confisquées.

Il exerce la dictature absolue.

Les électeurs eux-mêmes de M. de Mun ou de M. Decazes y perdraient leur latin, — s'ils le savaient.

Au point de vue social, que changeraient-ils?

Rétabliraient-ils le *droit d'aînesse*, la *propriété féodale*, la *dîme*, etc.?

Supprimeraient-ils ce que le Code appelle l'*égalité devant la loi*?

Vous savez bien que non. Ces conquêtes sont les seules auxquelles tienne le paysan, les seules qui aient survécu à la grande Révolution. Ce qui a succombé, ce sont les libertés politiques; ce qui n'a pu se produire, ce sont les nouvelles réformes sociales exigées par le développement intellectuel des masses et la transformation économique de la nation, passée de l'état féodal à l'état industriel.

En fait de recul, il n'y a donc rien à craindre.

Les préfets ne peuvent pas être plus maîtres qu'ils ne le sont, les conseils municipaux plus impuissants, l'instruction populaire plus fausse et plus incomplète, le clergé plus audacieux, le prêtre plus payé et plus libre dans sa chaire, les jésuites plus encouragés, la police plus omnipotente, l'armée plus séparée du peuple, le peuple plus esclave.

Le résultat serait donc celui-ci : — pendant que les uns, — les plus intelligents, les plus instruits, — marcheraient à pas de géant à la conquête de l'avenir, pendant que tout progrès passerait au fur et à mesure, sans effort, sans crise, dans la pratique des faits, — les tardigrades n'auraient rien perdu.

Il arriverait même ceci : — ces paysans qui vont déterrer, dans les châteaux de la province, les hobereaux momifiés et les cléricaux hydrophobes qui stupéfient l'Europe et font « marcher la France », — parce que ces députés parlent, agissent et votent au gouvernement central, trop loin et trop compliqué pour que les électeurs en comprennent le mécanisme, — ces paysans vous étonneraient *chez eux* par leur libéralisme, dès qu'ils seraient en face de leurs intérêts personnels, et ils sauraient bien vite défendre et agrandir leurs droits propres.

Ils n'entendent rien aux généralités, et le langage révolutionnaire les effarouche. Mais ils entendent admirablement leurs intérêts individuels, et ils ont l'esprit pratique.

Mettez les questions à leur portée, que ces questions les touchent directement, là, dans leur commune, — et vous verrez tout changer.

Pour cela, il faut l'Autonomie, qui est le contraire de l'Etat et du gouvernementalisme, — on ne saurait trop le redire.

Quant à cette objection : — Les réformes ne sont pas mûres, elles répugnent à la majorité, etc., etc., — elle ne signifie rien.

Elles ne sont pas mûres pour vous?

Elles le sont pour moi!

Elles vous effraient?

Elles m'attirent!

De quel droit m'imposez-vous votre diète et vos préjugés? — Est-ce que je demande de vous imposer mes vérités et mes aspirations?

D'ailleurs, la majorité ne peut-elle pas être ignorante, stupide ou trompée?

Le droit de la majorité, c'est le droit de la force, — ce n'est pas la force du droit!

Il n'y a pas d'erreur qui n'ait été crue par la majorité, pas de crime que la majorité n'ait absous, acclamé!

Etait-ce la peine d'abolir le *droit divin* de la monarchie, pour y substituer le *droit divin* de la majorité?

Qu'y gagne la liberté ? — Qu'y gagne le progrès ?

Si vous voulez, alors, majorité contre majorité.

La majorité, à Paris, n'est-elle pas révolutionnaire, démocratique et socialiste ?

Pourquoi écraser, *dans Paris*, cette majorité, sous une autre majorité de Brives-la-Gaillarde, de Quimper-Corentin et consorts ?

Si cela est légitime, — pourquoi la *majorité européenne,* qui est monarchique, n'interdirait-elle pas la forme républicaine à la France ?

Soyons logiques. — Si l'Unité est bonne, il la faut partout. Etendons-la à l'Europe, à l'humanité entière. Si le droit de la majorité est absolu et sacré, qu'il règne en tout et partout, et que la France se soumette aux décisions de la majorité cosaque, allemande, turque, espagnole, etc.

Je ne vois pas en vertu de quel principe différent la France pourrait vivre en République sans le consentement de l'Europe monarchique ou impériale, — quand Paris au bord de la Seine, Lyon dans le Rhône, Marseille sur les rives de la Méditerranée, ne peuvent s'administrer eux-mêmes, en respectant naturellement les liens de solidarité de la grande Autonomie française.

Toutes les Autonomies se tiennent, et l'Autonomie nationale justifie l'Autonomie communale, qui justifie l'Autonomie individuelle.

Il est absurde de prétendre que ce qui est bon à trente-six millions de Français, — c'est-à-dire le droit de se gouverner et de s'administrer à leur guise, — serait mauvais appliqué aux sous-collectivités moins étendues de ces mêmes Français.

VIII

Le Fédéralisme.

La liberté politique et l'égalité sociale, tel est le but poursuivi par la Révolution. Tout le monde est d'accord là-dessus. Or, comme nous n'avons pas plus l'une que l'autre, malgré une vigueur révolutionnaire de la force de dix Révolutions par siècle, — c'est qu'il ne suffit pas de savoir où l'on veut aller, mais qu'il faut savoir encore par quel chemin on doit passer.

Tous les chemins conduisent à Rome, — c'est-à-dire à la servitude.

Il n'y a qu'un chemin qui conduise à la Révolution, — c'est-à-dire à l'égalité dans la liberté, — et ce chemin, c'est l'Autonomie, puisque tous les autres chemins suivis jusqu'ici nous ont toujours ramenés au point de départ, et rejetés sous les pieds de la dictature d'un homme, d'une classe, d'une Assemblée ou d'une majorité quelconque, personnifiant l'Etat.

En parcourant la Suisse (1), il m'arriva, une fois, de traverser successivement les deux cantons du Valais et du Tessin.

Dans le premier, l'Eglise était *tout*, dans le second, *rien*.

Au Valais, le cléricalisme florissait et s'épanouissait comme la *Compagnie de Jésus* sous la 3e République.

(1) Je sais, aussi bien que personne, ce qui manque à la Suisse, sous le rapport des *institutions sociales*. Je crois, néanmoins, que la France serait fort heureuse si elle possédait la plupart de ses *institutions politiques*, dont l'initiative française saurait, en peu de temps, tirer toutes les conséquences logiques.

Dans le Tessin, à cette époque, toutes les congrégations religieuses étaient supprimées; l'enseignement devenu exclusivement laïque, leur était interdit; les prêtres n'étaient ni électeurs ni éligibles, l'Etat ne les payait point, et il dépendait de chaque Commune d'avoir ou de n'avoir pas de curé, suivant qu'il lui convenait ou non d'en faire la dépense.

Ainsi, dans le même pays, dans deux cantons, comme qui dirait deux départements français, la question religieuse recevait deux solutions diamétralement opposées.

Or, savez-vous ce qui serait arrivé, si le Valais et le Tessin, au lieu de posséder leur Autonomie, avaient joui des bienfaits de la Centralisation, de l'Unité et du Pouvoir fort? — C'est que le Valais serait resté clérical et que le Tessin le serait devenu, car l'Unité profite toujours à la réaction, jamais au progrès.

Prenons des chiffres, cela ne se discute pas.

Le Valais compte environ 100,000 habitants, le Tessin 130,000.

Les 100,000 Valaisans sont presque unanimement cléricaux. Mettons-en 90,000 seulement, pour faire la part large à la minorité opposante.

Les 130,000 Tessinois sont, en majorité, anti-cléricaux, mais, majorité restreinte, non écrasante. Mettons, pour être généreux, 80,000 ennemis de la suprématie de l'Eglise.

Reste 50,000 Tessinois qui partagent les sentiments de la majorité valaisane.

Voici donc les chiffres :

Côté clérical :	Valaisans . . .	90.000
—	Tessinois . . .	50.000
	Total. . .	140.000
Côté anti-clérical :	Valaisans . .	10.000
—	Tessinois . .	80.000
	Total. . .	90.000

Différence : — 50.000 en faveur de l'Eglise.

Donc, si le Tessin et le Valais étaient unifiés, l'Eglise triompherait.

Au lieu que la *moitié* du *tout* soit affranchie, la *totalité* de ce *tout* serait livrée à l'omnipotence du clergé.

Vous voyez par là que l'Autonomie est la seule forme qui garantisse le droit des minorités, qui permette au progrès de s'affirmer et de se faire jour partout où il est mûr.

Qu'y perd le Valais ?

Rien.

Qu'y gagne le Tessin ?

Tout !

Avec l'Unité, au contraire, qu'y gagne le Valais ?

Rien !

Qu'y perd le Tessin ?

Tout !

En effet, le gouvernement unitaire des deux cantons étant aux mains des cléricaux, — puisque les cléricaux sont la majorité brute, — voilà les anti-cléricaux écrasés, condamnés à subir la loi rétrograde des plus arriérés et des plus nombreux. Le gouvernement fort, usant de sa force, entrave par tous les moyens possibles la propagande anti-cléricale, la rend infructueuse, la supprime, et les Fourtou de l'endroit sont maîtres.

En pareil cas, il n'y a plus que deux solutions possibles : — attendre que le *progrès des idées* convertisse peu à peu la majorité cléricale, ou faire une Révolution violente.

Attendre, soit ! — Combien de siècles cela duera-t-il ?

Voilà quatre-vingts ans que cela dure en France, et l'on voit où nous en sommes !

En mettant les choses au mieux, à en juger d'après les dernières élections. la masse, en France, commence à en être où en étaient Paris, Lyon et les grandes villes, il y a une quarantaine d'années. Dans quarante ans, quand la masse en sera où en est

Paris, Lyon, Marseille, etc., aujourd'hui, — où en seront les grands centres?

Il y aura toujours une différence d'un demi-siècle.

C'est-à-dire que les plus avancés, les plus éclairés, les plus intelligents, l'avant-garde, en un mot, devra attendre sous l'orme, pendant une cinquantaine d'années, les retardataires, en croquant le marmot de la réaction relative du moment.

Conséquences :

1° Cinquante ans de perdus pour le progrès et le bonheur de la minorité, — des capables.

2° Pas une minute de gagnée pour le progrès et le bonheur de la majorité, — des incapables.

Une Révolution violente? — Soit.

Toute Révolution étant l'œuvre d'une minorité, puisque tout progrès commence nécessairement par s'incarner dans le petit nombre, voici ce qui arrivera.

La Révolution s'empare du Pouvoir. — Après? — Au bout de huit jours, de trois mois, ou d'un an, elle est obligée de le quitter, parce qu'elle dépasse les vœux et la portée d'esprit de la masse.

Ce qui lui succède fatalement, c'est donc la réaction, mais la réaction enragée par la défaite, furieuse d'avoir eu peur, et qui se venge, et qui prend ses précautions contre une nouvelle surprise.

La Révolution ne s'en porte pas mieux, et les révolutionnaires s'en portent plus mal. Voilà le pays séparé en deux camps ennemis, en vainqueurs, en vaincus, et vous savez ce que cela produit, car c'est l'histoire de la France, depuis bientôt un siècle.

Voici donc, en regard, chiffres et faits en main, les résultats contradictoires de l'Unité et de l'Autonomie :

Avec la première, la majorité réactionnaire domine, entrave, arrête tout, et la nation est toujours à la veille ou au lendemain d'une Révolution.

Avec la seconde, le progrès se produit là où il est possible, *dès qu'il est possible*, sans secousse.

Avec l'Unité, tout le monde perd, personne ne gagne.

Avec l'Autonomie, personne ne perd, beaucoup gagnent.

Choisissez !

IX

A quoi servent les Gouvernements.

« La mère Michel, qui a perdu son chat », faisait une mine moins effarée que ne la ferait bon nombre de citoyens français si, demain matin, en s'éveillant, ils apprenaient qu'ils ont perdu leur gouvernement.

Pas de gouvernement ! Hélas ! qu'allons nous faire ? Comment vivre ?

Quoi, nous n'aurons plus d'armée permanente pour nous-défendre, et, au besoin, pour nous combattre ?

Quoi, nos magistrats, — ces êtres redoutables, de qui dépendent notre honneur, notre fortune, notre liberté et notre vie,— ne seraient plus nommés, décorés et *avancés* par un ministre chargé au nom de tous, sans qu'on sache pourquoi, de nous distribuer de la justice ce qu'il en conçoit, par l'entremise de fonctionnaires à son image ?

Quoi, la paix et la guerre ne seraient plus entre les mains d'un autre ministre,— celui des affaires étrangères,— qui joue, dans le silence du cabinet, avec l'Europe, cette partie de whist, dont notre influence et notre dignité font l'enjeu, et où la France remplace le *mort?*

Quoi, nous n'aurions plus un ministre de l'instruction publique, pour peser dans ses balances, — d'accord avec le clergé, — les quantités infinitésimales d'idées qu'on laissera parvenir à ceux de nos enfants qu'on s'inquiète d'instruire de la façon que permet la réaction gouvernementale du jour?

Quoi, nous n'aurions plus un autre ministre pour choisir, à son goût et au goût du maître suprême des mitrailleuses, les préfets qui réglementent les enterrements civils, ferment les cafés où l'on ne porte pas la santé de Napoléon IV, et les cercles où M. de Mun ne prêche pas la croisade à l'intérieur?

Quoi, nous serions réduits à faire nous-mêmes nos propres affaires?

Quoi, nous subirions la nécessité de nous défendre nous-mêmes, de nous administrer nous-mêmes, de confectionner nous-mêmes les lois qui nous régissent, de réformer nous-mêmes, à volonté, les abus qui nous entravent et nous ruinent, de n'avoir à consulter, dans nos décisions, que nos propres intérêts et notre propre raison, au lieu de subir, de gré ou de force, l'intérêt du gouvernement et la raison d'Etat?

Vous êtes-vous jamais demandé lequel des deux avait besoin de l'autre, — du boucher ou du mouton, du riche ou du pauvre, du Gouvernant ou du Gouverné?

Il est bien évident que le boucher a besoin du mouton, et que le mouton, sans le boucher, ne s'en porterait que mieux.

Il est également évident que, s'il n'y avait plus de pauvres, cela gênerait considérablement les riches et les oisifs, car, n'ayant plus personne à faire travailler à leur compte, les riches devraient travailler eux-mêmes et gagner leur pain à la sueur de leur front, comme de simples manœuvres, tandis que madame la duchesse, privée des services de sa cuisinière, en serait réduite à préparer de ses blanches mains le repas de *son homme*.

Supposez, au contraire, qu'il n'y ait plus d'exploiteurs, de parasites et d'oisifs, — qu'y perdront ceux qui produisent et qui travaillent ?

La terre et ses richesses naturelles ou appropriées auront-elles disparu ?

L'outillage industriel accumulé aura-t-il disparu ?

N'y aura-t-il plus de forêts pour nous fournir le bois, de mines pour nous donner le charbon et le fer, de champs pour nous produire du froment, de bras pour mettre tout cela en œuvre ?

L'humanité ne mourrait donc ni de froid, ni de faim. Seulement, les conditions du travail et la répartition des produits seraient changées.

Avez-vous plus besoin de ce gouvernement omnipotent qui pèse sur vous, Gouvernés ?

Que fait-il, en votre nom, que vous ne pourriez faire à sa place, mieux et à meilleur compte ?

Vous défendre contre l'invasion étrangère ! — En êtes-vous bien sûrs ? — Il n'y réussit pas toujours ! — Pour se défendre contre une agression injuste, jamais une armée ne vaudra un peuple.

La République, en 92, n'avait que des volontaires, et c'est le peule armé de France qui a repoussé la coalition européenne.

Pendant que toutes les armées des gouvernements étrangers fuyaient devant Napoléon Ier, ce n'est pas l'armée espagnole, c'est le peuple espagnol qui résistait au despote, dévorait ses soldats et ses généraux.

En 1870, à Paris, ne savez-vous plus que c'est le peuple armé, la garde nationale qui, pendant cinq mois, a sauvé l'honneur et tenu contre la Prusse et Trochu ?

Les armées permanentes ne sont utiles qu'à l'intérieur.

A qui ?

Au gouvernement ! — Sans armée, point de 2 décembre.

Croyez-vous que *vos* magistrats ne vaudraient pas les *siens* ?

Etes-vous bien certains que *votre* police ne vaudrait pas la *sienne?*

Sortant et dépendant de vous, tout cela serait ce que vous voudriez qu'il fût, et ne tournerait jamais contre vous-mêmes les armes confiées pour assurer votre tranquillité.

Le gouvernement, tel qu'on l'entend jusqu'à présent, n'est qu'un rouage inutile, gênant et dangereux, qui fait sauter la machine tous les quinze ou vingt ans. Son rôle unique est de substituer, au libre jeu des initiatives individuelles et collectives, au libre développement des groupes naturels se fédérant pour le bien commun et la sécurité générale, le joug étouffant des passions, des préjugés, des égoïsmes et des ambitions des quelques individualités que le hasard ou la force, grâce à l'ignorance des uns, à l'indifférence des autres, à l'abdication de tous, a portées au Pouvoir.

Sans ce rouage, vous auriez l'Autonomie Communale complète, qui représente la liberté sous sa seule forme pratique, — et l'Unité arbitraire brisée laisserait apparaître la solidarité économique, qui vous donnerait la paix par la justice.

Aujourd'hui, quoi qu'on fasse, la société est devenue, de militaire ou destructive, industrielle ou productive.

Le travail est le maître, — non dans la loi, il est vrai, — mais dans la réalité scientifique.

Les autonomies, les collectivités, quelles qu'elles soient, n'ont plus qu'un intérêt, qu'un besoin, — la production abondante, l'échange assuré, la circulation rapide, la répartition universelle.

A tout cela, il manque une chose, — la justice.

Qui vous la donnera?

Les gouvernements?

Non, vous-mêmes!

Fils du passé, produits d'une époque de luttes et de compétitions violentes pour la force, les gouvernements maintiennent les castes qui s'écrouleraient sans leur appui, et jettent dans la balance du travail leur lourde épée humide de sang.

Après avoir été l'image de la civilisation passée, ils sont devenus le contre-pied de la civilisation présente et future.

Vous voulez la paix?— Ils sont la force, c'est-à-dire la guerre.

Vous voulez l'Autonomie?—Ils sont l'Unité, c'est-à-dire la compression.

— Vous voulez la justice?—Ils sont le Pouvoir, c'est-à-dire la plus haute incarnation du privilége.

Vous voulez la solidarité?— Ils sont la raison d'Etat, c'est-à-dire l'antagonisme.

X

Ce que rapporte le Pouvoir fort.

— Mais, monsieur, c'est le démembrement de la patrie!

— Quoi donc?

— Votre Autonomie Communale! Il n'y a plus de France!

— Comment, c'est démembrer la France que substituer à la Centralisation gouvernementale, représentant le principe d'autorité, la libre Fédération des autonomies naturelles, c'est supprimer la France que supprimer l'Etat au bénéfice du peuple, et transformer trente-six millions de cadavres gouvernés en une collectivité de citoyens!

— Oui, monsieur, et c'est presque une trahison dans le moment actuel. Ah! si nous étions tout seuls dans le monde, si nous n'avions pas de voisins puissants et menaçants, si le pays ne sortait pas de la plus effroyable défaite qu'il ait encore subie, si nous avions conservé notre influence politique, notre puissance militaire des beaux jours, oui, je l'admets, on pourrait peut-être relâcher quelques-uns des liens de fer auxquels nous devons cette *grrrande* Unité française qui fait notre orgueil et l'envie de l'Europe! Mais, aujourd'hui plus que jamais, il faut nous concentrer, nous resserrer; plus que jamais, il nous faut un Pouvoir fort, vigoureusement organisé, promptement obéi, appuyé sur une armée permanente plus nombreuse et plus *caporalisée* que jamais! — D'ailleurs, c'est l'avis de Gambetta et de Thiers, cela dit tout!

— Avions-nous un gouvernement fort et centralisé en 1870?

— Sans doute.

— Est-ce que cela nous a empêchés d'être battus, de perdre deux provinces et de payer cinq milliards à la Prusse?

— Non, mais les hommes à la tête du gouvernement étaient des coquins et des imbéciles.

— Donc votre Pouvoir fort, votre Etat Centralisé, ne vaudrait déjà plus par lui-même, par son principe, mais par les hommes qui le représentent, et votre salut dépendrait du hasard qui nous ferait gouverner par d'honnêtes gens ou des gens d'esprit. — Napoléon Ier était-il un imbécile?

— Certes, non.

— C'était même ce qu'on peut appeler un grand capitaine.

— A coup sûr!

— Son pouvoir était incontesté, absolu. — La France était unifiée, centralisée jusqu'à l'idéal. — Il y avait un caporal qui s'appelait l'Etat, et un régiment appelé le peuple qui marchait au doigt et à l'œil. — Résultat: Waterloo et deux invasions!

— Parbleu! Il avait épuisé la France par des guerres continuelles, et lassé l'enthousiasme par un affreux despotisme.

— Ah! très-bien. — Il vous faut, alors, un Pouvoir fort qui ne soit pas despotique, et un Etat centralisé qui n'abuse pas de son omnipotence, et laisse l'opinion publique tout diriger?

— Voilà!

— Eh bien, mon cher ami, quand vous aurez découvert ce

merle blanc, M. Dugué de la Fauconnerie consentira à payer les paris qu'il perd! En attendant, ce qui reste établi, c'est qu'un Pouvoir fort, c'est que l'Etat, c'est que l'Unité, ne suffisent pas à protéger contre la conquête étrangère, et ne garantissent point contre les invasions.

— Il est certain qu'on peut toujours être vaincu. Cela dépend des généraux. Quand ce sont des ânes ou des traîtres... Mais il faut être fort contre l'étranger. — La Prusse est formidable, elle nous guette, et l'Unité seule...

— Elle vous a produit trois invasions en soixante ans, une tous les vingt ans! — Cela ne vous suffit pas?

— Au contraire, je n'en veux plus.

— Je comprend ça. — Voyons les faits. — Il n'y a qu'une guerre légitime, avec l'ennemi extérieur, c'est la guerre défensive contre une agression injuste, pour la conservation de l'indépendance, de l'Autonomie nationale, politique et sociale. Or, l'invasion est toujours possible, je dirai même certaine, là où la défense commune est confiée à une armée permanente, car, là, il suffit de vaincre cette armée pour ne plus rencontrer de résistance. Entre deux armées en présence, il y en a nécessairement une battue, et, l'armée une fois vaincue, que vous reste-t-il pour votre salut? — Rien.

Vous l'avez vu en 1814, en 1815, en 1870.

L'ennemi vainqueur se trouve en face du pays désarmé, où rien n'est organisé pour la résistance vraiment nationale, — la seule qui soit invincible. — Le paysan n'a point d'armes, il est habitué à compter sur les troupes régulières et à trembler devant l'uniforme, — même des siens! — Au lieu d'abandonner sa ferme, de se jeter dans les bois ou dans les villes, de cacher ses provisions, d'affamer, de harceler l'envahisseur, il court au-devant de lui, et il le ravitaille pour échapper au pillage.

Il dénoncera même ceux qui veulent défendre le pays. Cela regarde l'Etat et l'armée. — Dressé à la soumission, habitué à l'impuissance, il n'a que des intérêts individuels. —

Il s'occupe d'abord de les sauver du naufrage universel. — Il se moque bien de la patrie! Quels sont les droits qu'elle lui assure et que lui ôterait le vainqueur? — Il n'a que son champ et sa peau. Il les garantit de son mieux. — Il ne sait que le respect de la force, il ignore la liberté, n'ayant pas l'indépendance.

Quant aux villes, même chose. — Pas de garnison, pas de résistance! — L'ennemi, au lieu de trouver partout l'embûche qui l'epuiserait et rendrait vaines les plus grandes victoires, trouve partout des abris, des ressources, comme dans son propre pays, — seulement ça ne lui coûte rien, et ménage ses finances.

Supposez l'Autonomie, au contraire, et la nation armée. Que tous les hommes valides soient exercés, qu'ils sachent que d'eux seuls dépend leur salut personnel, le salut général! Que ces hommes aient des institutions auxquelles ils tiennent, qui satisfassent leurs besoins et leurs droits, — oh! tout change. — Ce ne sont plus seulement des soldats que rencontre l'ennemi, mais des citoyens, une armée, mais un peuple. Et ce peuple, trempé par la liberté, fortifié par l'habitude de l'initiative personnelle, ayant tout à perdre à la conquête ou à la défaite, devient indomptable. — C'est sa cause *à lui* qu'il défend.

Savez-vous pourquoi la France entière s'est levée en 92? — C'est que la France avait à défendre de véritables conquêtes politiques et sociales. Elle craignait le retour du régime féodal.

En 1814 encore, les paysans de Champagne et de Lorraine essayèrent de résister, parce qu'ils redoutaient d'être dépossédés par les émigrés.

— En 1870, nul élan. Ils sont restés indifférents. Personne ne menaçait plus leurs droits acquis, et la République avortée ne leur promettant, ne leur donnant rien de plus, ils crurent avoir tout à perdre, rien à gagner à la résistance.

Demander l'autonomie, demander la fédération des autonomies en possession de l'intégralité de leurs droits, c'est rendre la Révolution invincible devant toute invasion des monarchies ou des empires, — c'est-à-dire du passé, coiffé ou non du casque de Bismark.

Après Sadowa, Vienne déclara à son empereur qu'elle ne voulait pas subir de siège, et l'Autriche signa la paix sans coup férir.

C'est que la nation n'avait rien à défendre qui valût la peine d'être défendu.

Après Sedan, le peuple de Paris se leva prêt à tous les sacrifices.

C'est qu'il croyait avoir la République, et défendre son bien propre.

XI

Bilan de l'Etat.

Partisans de l'Unité, savez-vous ce que c'est que l'Unité? — C'est l'Unité des cœurs, des volontés, des aspirations, des besoins et des intérêts, — non l'Unité de l'oppression.

Partisans de la force, savez-vous ce que c'est que la force pour un peuple, pour une agglomération humaine? — C'est le concours libre de ces cœurs, de ces volontés, de ces aspirations, de ces besoins et de ces intérêts, — non la discipline de la caserne.

Ce qui brise, ce qui divise la grande famille française, comme la grande famille humaine, c'est d'avoir au-dessus d'elle des gouvernants qui la séparent en deux camps, les vainqueurs et les vaincus, les plus forts et les plus faibles, ceux qui commandent et ceux qui obéissent.

Que venez-vous me parler d'équilibre nécessaire, de pouvoir pondérateur?

L'équilibre ne peut s'établir qu'entre forces égales. Or l'Etat, étant supérieur à tous, rompt toujours l'équilibre en sa faveur. — De là, tyrannie.

Quant à votre Pouvoir pondérateur, où est-il?

Est-ce qu'il vit tout seul, votre Pouvoir?

Est-ce qu'il siége en dehors de l'humanité?

Est-ce qu'il ne s'incarne pas dans des individus?

Votre Pouvoir pondérateur est un mât de cocagne où tous les partis grimpent à tour de rôle pour y décrocher la timbale de l'absolutisme à l'aide duquel on écrase ses adversaires.

Votre pondération, c'est donc la compression, et votre équilibre, la rupture même de l'équilibre.

Mais l'Etat, du moins, nous protége contre l'anarchie et assure la tranquillité publique.

Voyons un peu :

Depuis trois quarts de siècle, vous avez eu *le coup d'Etat de Brumaire, la première Restauration, les Cent jours, la deuxième Restauration, le coup d'Etat de Charles X,* suivi de *la Révolution de* 1830, *les insurrections de Lyon, de Saint-Merry et Transnonain, la Révolution de Février, le* 15 *mai, les journées de Juin, le* 13 *Juin, le coup d'Etat de Décembre, le* 4 *Septembre, le coup d'Etat du* 18 *mars,* manqué par M. Thiers, *la Révolution autonomiste de la Commune, les journées de Mai* 1871, *Cinq ans d'état de siège,* — et j'en oublie.

L'Etat vous a procuré, en soixante-quinze ans, *quatre* coups d'Etat ou tentatives de coups d'Etat, *neuf* changements de gouvernement, *sept* insurrections sanglantes, plus les répressions qui ont suivi, et dont chacune, pour le sang versé, a valu une douzaine d'insurrections au moins. Cela vous fait *vingt* cataclysmes politiques en soixante-quinze ans, une insurrection, une guerre civile ou une révolution *tous les quatre ans* au minimum, — sans compter *trois invasions* et les *états de siége*.

Si c'est là ce que vous appelez la tranquillité publique, l'équilibre et la pondération,—qu'appellerez-vous donc anarchie, bouleversement et désordre?

Or, remarquez que, pendant ce temps, on a essayé de toutes les formes imaginables de gouvernement, et que le résultat n'a pas varié. C'est donc bien de l'Etat qu'il s'agit, du gouvernement quel qu'il soit, et non de tel ou tel gouvernement.

Il est vrai que pour jouir de ce calme, de cette tranquillité, de cette gloire et de cette sécurité, pendant les intervalles où le canon se tait et où le peloton d'exécution fait relâche, « faute de matière »,—comme la clémence du maréchal,—vous consentez à vous passer de toutes les libertés politiques et de toutes les réformes sociales, et à payer fort cher pour entretenir ces grandes armées permanentes qui fondent au jour de l'invasion étrangère, et se condensent au jour des revendications populaires.

Cessez donc enfin de croire à l'infaillibilité gouvernementale, qui ne vaut pas mieux et qui n'est pas plus vraie que la papale.

Cessez de croire aux protections qui descendent d'en haut sur vous.

On n'est protégé que par soi-même.

Hors de vous, quiconque vous protége vous asservit.

Comprenez que les trois quarts de ceux qui vous gouvernent sont, par l'intelligence et le savoir, au-dessous de la moyenne la plus ordinaire.

Que réclamez-vous, quand vous réclamez l'instruction intégrale?—C'est que l'instruction s'adapte aux facultés de l'enfant, les suive et les développe. — Vous ne demandez pas qu'on enseigne uniformément à tous les enfants une seule et même chose, qu'on broie leurs esprits pour les faire entrer dans un moule unique. Vous demandez qu'on découvre, qu'on fortifie et qu'on satisfasse leurs aptitudes spéciales. Vous comprenez que le progrès de l'humanité, son bien-être, son affranchissement ne peuvent provenir que du concours d'efforts divers, indépendants et originaux, de même qu'un orchestre se compose de mille instruments jetant mille notes différentes et solidaires.

En agissant ainsi, craignez-vous de créer l'antagonisme dans l'esprit humain?

Non, certes, pas plus qu'en ajoutant des violons et des cuivres à un orchestre vous ne produisez la cacophonie.

Il en est de même de l'Autonomie des groupes naturels, — politiques, sociaux, producteurs.

Que chacun puisse se développer dans sa pleine indépendance, apporter au travail commun sa part d'iniative, d'originalité, son aptitude spéciale.

Que chacun puisse aller dans le sens du progrès aussi loin qu'il voudra, sans attendre un mot d'ordre d'en haut, sans trembler sous la férule du pion autoritaire.

Ce ne sera pas la France démembrée, la famille française brisée,—comme on le répète sans cesse,— ce sera la France solidarisée et vivante, allumant à la fois tous ses foyers, — ce sera l'humanité affranchie travaillant, enfin, au sein de l'indépendance, libre et debout, au triomphe de la justice par la suppression de tous les priviléges, en commençant par l'Etat, et de tous les parasytismes, en commençant par le gouvernement.

Ce sera, en un mot, la substitution de l'association à la dictature, de la solidarité à l'antagonisme.

XII

La Politique du Travail.

Ce qu'il y a de plus remarquable dans les Congrès ouvriers qui se sont succédé en France depuis quelques années, ce n'est pas la tenue pleine de dignité de ces assemblées populaires, — il faut ignorer le peuple comme l'ignorent les *classes dirigeantes* qui nous gouvernent, pour s'en étonner; — ce n'est pas non plus les solutions préconisées, — solutions excellentes sans doute, mais qui ne seraient que d'impuissants palliatifs.

Non. — Ce qu'il faut constater avec joie, c'est que ces représentants de la classe ouvrière n'attendent, n'espèrent, ne veulent rien de l'Etat, et ne demandent au gouvernementalisme, quel qu'il soit, que de ne pas les connaître, — c'est qu'ils ne comptent que sur eux-mêmes pour s'affranchir, — c'est qu'ils proclament bien haut que la question du travail ne doit et ne peut être tranchée que par l'initiative libre des travailleurs.

Devant ce grand fait, devant l'adoption de ce principe essentiel, qu'importent les moyens proposés, les remèdes mis en avant? — L'expérience prononcera, mais la voie nouvelle est trouvée, et elle nous mènera au but.

Fédéralisme, Autonomie des groupes politiques et économiques, — tout est là.

Ainsi, la solution des questions économiques sera remise aux intéressés qui ont seuls qualité pour les trancher.

Ainsi, le travailleur sera appelé, par un moyen pratique, à

décider lui-même de ses destinées, sans intermédiaire inutile ou nuisible.

Ainsi, la nation sera appelée à se gouverner directement.

Ainsi, la société tout entière, prise dans ses éléments constitutifs, essentiels, sera appelée à résoudre, suivant les données de la science, la question sociale.

Il n'y a plus de séparation entre l'Etat et le peuple, il n'y a plus de gouvernants et de gouvernés, de *dirigeants* et de *dirigés*. — Il y a l'individu rentré en pleine possession de lui-même et de tous ses droits totalisés par le groupe naturel auquel il appartient.

Autant la représentation *politique* du peuple pris dans son ensemble est impossible, arbitraire et fausse, — autant la représentation du travail, des groupes autonomes, par délégués en communication permanente, immédiate et complète avec leurs commettants, est chose simple, facile et logique.

Là, il s'agit d'intérêts tangibles, pratiques, réellement *communs* et nettement définis.

Il s'agit d'intérêts *économiques* dont la science a préparé et prépare la solution.

Si l'on se trompe, et cela peut arriver, — si, par le progrès des idées ou le progrès industriel, les solutions adoptées la veille paraissent insuffisantes ou nuisibles le lendemain, — comme il n'y a pas d'Etat omnipotent, ni de dictature autoritaire qui ait choisi et décrété arbitrairement ces solutions, qui veuille les sauvegarder, les maintenir à tout prix, — l'erreur n'est point durable, le changement est toujours possible.

En effet, par l'Autonomie des groupes et la fédération des intérêts communs, il n'y a plus de loi *au-dessus* du peuple, en *dehors* du peuple, puisqu'il est devenu à lui-même sa propre loi, et que l'*Etat social* n'est plus que la reproduction exacte, la mise en œuvre incessante des idées, des besoins, des volontés de l'*Etre social,* des *groupes sociaux*, — car si l'on dispute sur les théories et les généralités vagues, on n'hésite guère sur les faits et sur les intérêts.

A l'ancien procédé révolutionnaire, — qui n'est, en somme, que l'application de la politique bourgeoise au prétendu bénéfice du peuple, et qui consiste uniquement à s'emparer du Pouvoir pour y décréter et y gouverner autoritairement au nom du parti vainqueur, — il faut substituer la méthode féconde de remettre le Pouvoir au peuple, de l'appeler à traiter lui-même ses intérêts, à manifester et à exécuter ses volontés, à trancher, sans intermédiaires, toutes les questions qui touchent à sa dignité, à son existence, à son bien-être, à la distribution équitable des richesses naturelles ou créées par son travail.

Si l'Etat est impuissant à fonder la liberté politique, s'il ne peut coexister concurremment avec elle, ainsi que nous l'avons démontré, il est encore et surtout la négation même de l'idée socialiste, qui représente le principe absolument opposé, contraire, de la *participation de tous à tout*, au gouvernement, comme à la production, à la distribution et à la consommation.

Que les travailleurs continuent donc à prouver leur force par la largeur de leur programme.

Qu'ils démontrent à ceux qui les calomnient pour les écraser, — de même qu'on accuse son chien d'être enragé, quand on veut le tuer, — que la vie et l'avenir sont avec eux, qu'ils ont une politique complète et toute prête à opposer à la vieille politique autoritaire ou jacobine qui agonise à Versailles.

Malgré les obstacles et les plus effroyables répressions, ils n'ont pas, après tout, à se décourager.

Tout ce qui a cru vaincre et triompher en prenant Paris d'assaut, au mois de mai 1871, est cadavre; et la seule chose qui vive est cette idée de l'*Autonomie* et de l'*abolition de l'Etat*, dont on a envoyé les premiers représentants à la mort, au bagne, à la déportation, à l'exil.

Avant longtemps, on ne discutera plus autre chose, avant longtemps les élections se feront sur cet unique programme.

XIII

Le rôle de l'Etat.

Si, par impossible, une bonne fée, quelque nuit, fauchait d'un seul coup le parterre gouvernemental, où le *Souci-Conservateur* entr'ouvre son calice en compagnie de la *Violette-Cléricale* et du *Pissenlit-Autoritaire*, — l'année aurait, sans doute, perdu son printemps, mais la France aurait conservé la totalité de ses richesses naturelles et appropriées, et les bras qui la fécondent seraient tous là, prêts au labeur quotidien.

Qu'y aurait-il donc de changé!

Ceci :

Le gouvernement ne mettant plus ses gendarmes dans un des plateaux de la balance, — ce qui fausse et rompt tous les équilibres, — les forces sociales reprendraient leur assiette légitime et leur libre jeu.

Il y aurait autant de travailleurs pour produire, autant de champs à ensemencer, autant de mines à exploiter, autant d'usines à faire fonctionner. Il y aurait aussi autant d'estomacs à remplir, autant de corps à vêtir, autant de paires de pieds à chausser, — mais il y aurait, en plus, liberté absolue de groupement et d'association, — de telle sorte que la production et la consommation n'ayant point diminué, et la liberté ayant augmenté, l'entente et l'équilibre s'établiraient tout naturellement sur le terrain de la justice.

On a bien des fois comparé la société actuelle à une pyramide renversée qui reposerait sur la pointe, et dont la base regarderait le ciel.

Or, comme cette posture est aussi contraire au tempérament d'une pyramide, qu'il est contraire au tempérament de M. Mac-Mahon d'aimer la République, au tempérament de M. Gambetta de tenir les engagements pris à Belleville, et au tempérament d'un général bonapartiste de remporter la moindre victoire sur les Prussiens, — il faut bien admettre qu'une force quelconque maintient violement un état de choses en aussi complète contradiction avec le bon sens qu'avec les lois de la statique.

Il suffirait donc de supprimer cette force pour que la pyramide se remît sur sa base, en vertu des lois naturelles de la pesanteur.

Quelle est cette force?

L'Etat appuyé sur l'Unité et la Centralisation.

Supprimez l'Etat, et la société, loin de s'écrouler, retrouvant son centre de gravité, nous rentrons aussitôt dans la logique et la vérité, — c'est-à-dire dans la justice.

L'homme, en effet, étant un être sociable, et tous les hommes étant solidaires par la communauté d'un certain nombre d'intérêts, de besoins, de passions et de sentiments, — il n'y a que faire de l'Etat pour les unir par ces points. — Ils s'uniront toujours d'eux-mêmes.

Le rôle de l'Etat commence là où l'Union légitime et volontaire fait place à l'Unité factice et contrainte, à la Centralisation autoritaire et despotique.

Il y a, entre la société fondée sur les lois de l'Autonomie fédérale, et la société actuelle, la différence qui sépare un troupeau de moutons parqués sous l'œil du berger et la dent du chien, d'une de ces tribus libres d'hirondelles qu'on voit parcourir l'espace, indépendantes et pourtant associées.

C'est qu'en effet un abîme sépare l'*Union* de l'*Unité*, l'autonomie de l'esclavage.

Autant l'une produit de bien, autant l'autre produit de mal.

L'Union est le pacte en vertu duquel un certain nombre d'individus, — êtres moraux ou matériels, — stipulent en pleine liberté, en pleine indépendance, un contrat par lequel, ayant les mêmes intérêts et les mêmes besoins, les mêmes aspirations et le même but, — ils unissent leurs efforts et mettent en commun leur action.

Seulement, cette union suppose une communauté d'intérêts immédiate, ou une véritable conformité d'idéal, soit politique, soit social, — et elle ne doit pas aller au delà

Elle sous-entend que, pour tout le reste, on est libre, et que chaque individualité — collective ou non — conserve la direction de soi-même.

L'Unité, sans laquelle l'Etat ne pourrait exister, est, au contraire, l'écrasement de toutes les initiatives sous le niveau gouvernemental.

On lui sacrifie toujours plus qu'on n'en reçoit, puisque chacun des groupes naturels qui la constituent étant noyé, submergé par le nombre immense des autres groupes, chaque personnalité, chaque collectivité partielle supporte à la fois le poids total de la masse entière.

Avec l'Unité, nul n'a plus la liberté de ses mouvements, la possibilité de se développer sans entraîner l'universalité de ceux auxquels il se trouve lié comme un forçat à sa chaine.

C'est l'histoire de Paris, qui, chaque fois qu'il tente un effort vers l'avenir et le progrès, se trouve retenu, rejeté à terre, par le poids immense de la France entière, inégalement éclairée, inégalement mûre pour l'idéal entrevu par la capitale.

C'est l'histoire de toutes les grandes villes de France, de tous les centres intelligents et révolutionnaires, obligés de marquer le pas sur place, parce qu'il y a vingt millions de paysans qui n'ont encore aucune idée politique ou sociale.

Qui ne comprend pourtant qu'en fractionnant le poids, il serait évidemment plus facile de le soulever et finalement de le réduire à zéro, au grand bénéfice de chacun et de tous?

Unité, Etat, Gouvernement, — trois monstres qui s'engendrent mutuellement. et nous dévoreront un jour ou l'autre, si nous n'arrivons à nous en débarrasser!

Quand vous demandez, Travailleurs, à l'Etat de vous laisser la liberté, de ne pas s'occuper de vous, vous tracez le programme de l'avenir, vous indiquez la voie du salut, cette voie où la Révolution devra désormais passer, et que les hommes de 1871 ont déjà arrosée de leur sang. Mais si vous êtes résolus à vous passer du gouvernement, le gouvernement est non moins résolu à ne point se passer de vous, — c'est-à-dire qu'il veut continuer à vous combler de sa réglementation, de sa surveillance, de sa protection, — et comme il a la force, vous êtes à sa merci.

L'obstacle, le vrai, — il est là, non ailleurs.

Et c'est en vain que l'on espérerait trancher aucune des questions soulevées par le dix-neuvième siècle, avant d'avoir tranché cette question de l'Etat, avant d'avoir choisi résolûment entre le gouvernementalisme et l'Autonomie, entre l'Unité et la Fédération.

XIV

Ce que représente l'Etat.

Le *Moniteur universel* a jugé à propos, il y a quelques jours (1), d'attaquer nos théories sur la suppression de l'Etat.

Il ne s'occupe pas, il est vrai, — et pour cause sans doute, — de démontrer que nos idées sont fausses ou impraticables, ni de prouver la nécessité de l'Etat.

(1) Ecrit en décembre 1876.

Il nous pourfend de deux affirmations, — voilà tout. — Cela est simple, commode, — et à la portée de tous les journalistes.

D'après lui, donc, si nous demandons l'abolition de l'Etat, c'est que nous ne sommes pas l'Etat.

« Nous cesserions de crier : à bas l'Etat ; si nous pouvions dire : L'Etat, c'est nous » !

« Au fond, ajoute le *Moniteur universel*, vous ne voulez abolir aucune force, aucun pouvoir, aucun privilége. Vous voulez vous emparer de tout ».

Tels sont les raisonnements du *Moniteur universel*. Il entend parler devant lui de droit, de justice, d'égalité, de liberté, d'Autonomie communale, etc., etc., — et alors il cligne de l'œil, vous tape sur le ventre, et s'écrie :

— Farceur, va ! — Compris ? — Tu voudrais la dictature pour toi et les tiens !

Que ce soit là un argument triomphant, une réponse sans réplique pour notre adversaire, — nous n'y contredirons pas. — Chacun juge suivant son *criterium*.

Mais admettons un instant qu'il en soit ainsi. — Admettons que ceux qui combattent l'Etat, qui demandent la constitution de l'Autonomie des groupes et la Fédération libre des groupes solidarisés, soient de vils ambitieux, qui crachent dans le plat, afin d'en dégoûter les autres et de se l'approprier ensuite, de simples intrigants, dévorés, comme on l'est au *Moniteur universel*, de la soif du Pouvoir, des richesses et du gouvernement.

Admettons qu'ils attaquent la dictature gouvernementale, ainsi qu'on la défend au *Moniteur universel*, avec l'espoir de s'en emparer, ou d'y placer leurs compères, — qu'est-ce que cela prouverait ?

Cela prouverait-il que l'Etat est une bonne chose, et que les raisonnements qui en démontrent les inconvénients, sont mauvais ?

« L'Etat, — répond alors notre adversaire, — est la *personnification vivante de la patrie, le gardien du pacte social et de l'Unité nationale, le protecteur des intérêts* COMMUNS *et de la sécurité de* TOUS » !

Vous l'affirmez. — Prouvez-le !

Comment l'Etat pourrait-il être tout cela, s'il est une chose dont chacun peut s'emparer, pour s'écrier ensuite, — comme vous le dites : — L'Etat, c'est moi !

Si l'Etat peut ainsi passer de mains en mains, — et c'est ce que nous voyons depuis quatre-vingts ans, — il doit changer de caractère suivant ceux qui l'occupent, qui le représentent, qui parlent et agissent en son nom.

L'Etat n'est donc que la Centralisation et l'Unité mettant aux mains de quelques-uns la force nécessaire pour écraser tous ceux qui ne sont pas de l'avis des maîtres du jour.

Si cela est, — et je vous défie de démontrer le contraire, — comment pourrait-il être « la personnification vivante de la patrie, et le protecteur des intérêts *communs* et de la sécurité de *tous* », puisque, de votre propre aveu, il n'est que la personnification de ceux qui sont au Pouvoir, et par conséquent ne représente que les intérêts particuliers de la dictature du moment.

Est-ce que l'Etat, personnifié en Napoléon III, représentait les intérêts des légitimistes et des orléanistes, la sécurité des républicains déportés et des enfants mitraillés sur le boulevard ?

Est-ce que l'Etat, personnifié en Louis XVIII, représentait les intérêts des bonapartistes et des brigands de la Loire, la sécurité des citoyens sur lesquels on lâchait les cours prévôtales et la terreur blanche ?

Est-ce que l'Etat personnifié en Louis-Philippe représentait les intérêts du cléricalisme et de la vieille noblesse, et la sécurité des travailleurs, alors qu'il laissait piller l'archevêché, qu'il abolissait les majorats et la pairie héréditaire, et répondait par du plomb aux ouvriers lyonnais demandant à vivre en travaillant ou à mourir en combattant ?

Non, Napoléon III, Louis XVIII, Louis-Philippe ne protégeaient pas des intérêts *communs* et la sécurité de *tous,* puisqu'ils ne sont arrivés au Pouvoir que par des luttes sanglantes, et qu'ils n'ont duré, si peu que ce soit, que par la grâce de la force armée, des proscriptions et des fusillades.

Ils ne représentaient, ils ne protégeaient que les intérêts de la caste qui les avait portés au Pouvoir, ils n'assuraient que la sécurité de leurs partisans, — car l'Etat n'est et ne sera jamais, nous le répétons, que la force au service de tous les partis, ou de toutes les castes qui successivement se sont emparés ou s'empareront du gouvernement.

Aussi, quand le *Moniteur universel* défend l'Etat contre nous, ce n'est pas l'Unité nationale, le pacte social, la patrie vivante. les intérêts communs et la sécurité de tous qu'il défend.

Il défend la dictature occupée pour le quart d'heure par ses hommes, — il défend la force armée qui lui permet de nous traiter de *Communards,* et qui nous interdit de lui répondre.

XV

L'Etat Bourgeois.

L'Etat, par l'organe maussade de M. Dufaure, s'écriait un jour, du haut de la tribune Versaillaise :

« Le gouvernement n'est point chargé de pourvoir au bonheur et au bien-être des citoyens. Sa mission est de maintenir l'ordre, et de veiller au respect et à l'application des lois ».

Nul ne saurait nier, en effet, qu'il ne remplisse avec ardeur ce double secerdoce.

Il maintient l'ordre à l'aide de la Nouvelle-Calédonie et des poteaux de Satory.

Il respecte les lois du coup d'Etat, et, quant aux autres, il les applique ou les ignore, suivant son bon plaisir, aboyant aux républicains, remuant la queue et faisant le beau devant le père Dulac, — de telle sorte que notre prétendu gouvernement libéral, constitutionnel et parlementaire, fruit de quatre-vingts années de luttes gigantesques en faveur du droit, pourrait rendre des points à l'absolutisme du sultan des Turcs, de l'empereur du Maroc ou du roi de Dahomey, avec la franchise en moins et cette aggravation que chez nous les fonctionnaires, au lieu de veiller sur la vertu des odalisques, le cimeterre au flanc, veillent sur les libertés publiques, — la police correctionnelle au poing et l'armée aux dents.

Donc, voilà le gouvernement qui ne peut rien, — de son propre aveu, — pour le bonheur et le bien-être du peuple.

Or, comme, d'autre part, sa mission est de maintenir l'ordre, — c'est-à-dire de décréter l'immobilité, — et d'assurer le respect des lois existantes, — c'est-à-dire de s'opposer aux réformes, — il s'ensuit, de la façon la plus claire et la plus catégorique, que sa seule fonction consiste à empêcher les citoyens de conquérir ce bonheur et ce bien-être, qu'il se déclare, avec raison, incapable de leur procurer.

En effet, qui pourrait s'opposer aux réformes réclamées par les intéressés?

Les intéressés?

Cela est absurde.

Il est bien certain que, lorsque les travailleurs se plaignent de la condition à laquelle les soumet le salariat, et demandent un remaniement complet de la législation en vertu de laquelle ils sont asservis au capital, — ce ne sont pas ces mêmes travailleurs qui s'opposent ensuite à la suppression des articles du Code civil dont ils viennent de demander l'abolition radicale.

Qui donc, alors, vient dire aux salariés :

— Vous resterez salariés!

Qui donc fusille les récalcitrants, ceux qui luttent aujourd'hui, comme luttaient hier leurs maîtres, pour la conquête d'un sort meilleur?

Qui?

L'Etat!

Qui?

Le gouvernement! Le gouvernement, QUEL QU'IL SOIT!

Non, — dira-t-on, peut-être. — Ce sont les capitalistes, ce sont les patrons, les bourgeois, les hommes des classes dirigeantes, dont l'égoïsme se refuse à toute concession et ne peut concevoir le bonheur et le bien-être, là où ils seraient le fruit du travail et le lot commun, au lieu d'être le produit du hasard ou de l'agiotage, et le privilége du plus petit nombre.

Il y a là, certes, du vrai; mais, pourtant, les capitalistes sont moins nombreux que les travailleurs, les patrons moins nombreux que les ouvriers, les exploiteurs moins nombreux que les exploités, les bourgeois moins nombreux que les prolétaires et les paysans, les *dirigeants* moins nombreux que les *dirigés.*

Comment se fait-il donc que, dans tout conflit entre les uns et les autres, ce soient toujours les moins nombreux, c'est-à-dire les plus faibles, qui écrasent les plus nombreux, c'est-à-dire les plus forts?

Quel est ce miracle?

D'où vient qu'ici, contrairement à toutes les lois de la nature, le poids le plus léger l'emporte sur le poids le plus lourd?

Il n'y a pas de miracle!

Il y a l'Etat!

L'Etat qui brandit son grand sabre et pourfend les réclamants, puis essuie sa flamberge, se frise les moustaches et passe la parole à quelque avoué retors et octogénaire qui déclare que le gouvernement ne peut rien pour le bonheur et le bien-être des citoyens.

Pardon! — C'est une légère erreur.

— Il peut tout pour le bonheur et le bien-être des privilégiés, en maintenant leurs priviléges par la force, — et il peut tout contre le bonheur et le bien-être du grand nombre, en le maintenant, par la violence, dans son séculaire esclavage.

Ne vous en prenez donc ni aux capitalistes, ni aux privilégiés, — comme le taureau qui se jette sur le drap rouge du matador, sans voir l'épée qui le percera tout à l'heure.

Leur mauvaise volonté est certaine,—mais impuissante.

Seuls, capitalistes et privilégiés ne pourraient rien, ni pour eux, ni contre vous.

Supprimez la *dictature gouvernementale*, et il n'y a plus en face que des hommes semblables, que des forces économiques dont l'équilibre s'établirait immédiatement par une simple loi de la statique.

Il y a ici le Capital, là le Travail. Ils se sont mutuellement nécessaires. Il faudrait bien qu'ils s'entendissent sur la base de l'équité, car le capital n'étant plus monté en croupe derrière les gendarmes, et le travail n'ayant plus sur lui la gueule des mitrailleuses, la partie devient égale, et ce qui décide, c'est la justice, la force réelle qui se trouve du côté des déshérités actuels.

Non, ni les privilégiés, ni les classes supérieures, ni les capitalistes, ni la bourgeoisie, — rien de tout cela ne prévaudrait contre le bon droit et les lois logiques de l'économie sociale, sans la dictature de l'Etat qui, elle-même, ne vit que par la Centralisation et l'Unitarisme.

Que l'Etat fasse place à l'Autonomie fédérale, et toutes les mauvaises volontés, tous les égoïsmes, n'étant plus étayés par la poutre gouvernementale, retombent dans la poussière.

C'est donc l'Etat, l'Etat seul, qui fait votre faiblesse et votre misère, comme il fait la force et l'outrecuidance des autres.

Il ne peut résoudre la question sociale dans votre sens, — puisqu'il l'a déjà résolue dans le sens opposé, — et il ne vous laissera jamais la résoudre contrairement à lui, puisqu'il a la force, d'une part, et que, d'autre part, son rôle c'est de veiller au maintien des lois existantes qu'il a faites et qui constituent son omnipotence.

Sans doute,— répondent quelques-uns, — il en est ainsi avec l'*Etat bourgeois,* mais il en serait tout différemment avec l'ETAT OUVRIER.

C'est ce que nous allons voir.

XVI

L'Etat Ouvrier.

L'Etat, aujourd'hui, est le représentant, l'organe de la dictature des classes dirigeantes, c'est l'*Etat bourgeois,* — soit!

Si, demain, il avait à sa tête, au lieu de caporaux cléricaux et d'avocats normands, des hommes imbus des idées les plus libérales, les plus radicales, les plus révolutionnaires, — des ouvriers même, si vous voulez, — cet *Etat ouvrier* en serait-il moins l'Etat?

L'Etat en serait-il moins la dictature?

Et la dictature en serait-elle plus apte à fonder la liberté et à trancher la question sociale?

Non. — Jamais la dictature, une dictature quelconque, ne représentera le peuple.

Elle représente bien la bourgeoisie et la classe dirigeante, — dit-on.

Sans doute.

Mais qu'est-ce que la bourgeoisie?

Qu'est-ce que la classe dirigeante?

Une oligarchie qui a des intérêts propres, des intérêts particuliers, en contradiction avec l'intérêt général.

On comprend donc facilement qu'elle puisse s'incarner en un petit nombre d'individus, imposer une loi conforme à ses convoitises, sans respect du droit d'autrui, et se partager les bons postes de la société, sous l'égide d'un gouvernement qui représente exactement ses passions et ses appétits.

Toute oligarchie ne peut vivre que par la dictature. — Elle est la dictature elle-même.

Mais comment voulez-vous que la dictature représente le peuple, — c'est-à-dire l'*universalité* des intérêts réglés par la justice?

En fait, la dictature ne peut jamais s'exercer que par un nombre extrêmement restreint d'individus, et ne peut subsister qu'à la condition d'une effroyable centralisation qui concentre dans leurs mains tous les ressorts de la société et tous les moyens d'action.

Elle est donc absolument le contraire du *gouvernement direct du peuple par le peuple,* et par conséquent elle dépossède le peuple.

Supposons que ce soient des ouvriers qui exercent cette dictature au soi-disant profit des ouvriers, des socialistes au soi-disant profit du socialisme.

Qu'y aura-t-il de changé pour cela?

Pourquoi confier la solution du problème et le triomphe de vos intérêts à quelques-uns d'entre vous?

Croyez-vous que ces quelques ouvriers connaitront mieux la question ouvrière que la classe ouvrière elle-même?

Qu'ils sauront, mieux que l'ensemble de leurs camarades, trancher les questions pendantes, et trouver ce qui convient à tous et à chacun?

Croyez-vous enfin que, parce que l'Etat, le gouvernement, sera occupé par des ouvriers, il aura cessé d'être un mécanisme *au-dessus* et *en dehors* de vous, une force centralisée dans quelques mains au détriment de la liberté et de la sécurité de tous?

Quand vous leur avez confié tous les droits et tous les pouvoirs, à ces ouvriers, vos frères, qui ont aujourd'hui les mêmes intérêts que vous, parce qu'ils subissent comme vous l'écrasement commun, — que vous reste-t-il, à vous, la masse, pour vous protéger contre les erreurs et les trahisons toujours possibles de vos délégués?

Qui vous prouve qu'ils continueront de voir et de sentir comme vous, quand, au lieu d'être le grain que la meule broie, ils seront devenus, à leur tour, la meule qui broie le grain?

Mais admettons, pour un instant, que ces ouvriers, ces prolétaires, devenus le gouvernement, restent purs, impeccables et dévoués, que le Pouvoir ne leur tourne pas la tête, et qu'ils cherchent, de bonne foi, à résoudre la question sociale, sans aucune arrière-pensée.

Supposons même que vous ne vous soyez pas trompés dans vos choix, que vous ayez bien désigné les plus capables et les plus intelligents, en même temps que les plus honnêtes.

Nous voulons tous la justice, l'égalité sociale. — Là-dessus, point de discussion.

Mais, pour les uns, cette justice s'appelle le Communisme, pour d'autres le Phalanstère, pour d'autres le Collectivisme, pour d'autres le Mutuelisme, pour d'autres la Coopération, etc., etc.

Quelle solution adoptera l'*Etat ouvrier?*

La Communiste?

La Proudhonienne?

La Fouriériste?

La Saint-Simonienne?

La Collectiviste?

Celle de Karl Marx?

Celle de Bakounine?

Ou celle du Congrès ouvrier?

Il est bien évident, en effet, que l'Etat, que la dictature, ne peut les adopter toutes à la fois, organiser à la fois le travail sur la base communiste, collectiviste et individualiste, suivre Proudhon et accepter Cabet, légiférer au nom de Fourier et décréter au nom de Saint-Simon, fonder l'égalité absolue sur l'équivalence des fonctions, et établir, d'autre part, le gouvernement des capacités.

Puisqu'il est l'Etat, il est l'Unité et la Centralisation. Il faut donc qu'il choisisse une solution à l'exclusion des autres.

Laquelle?

Et qu'il la codifie et l'impose.

En vertu de quelle infaillibilité?

Car s'il ne choisissait pas et n'imposait pas, que serait cet Etat-soliveau, et à quoi servirait-il?

Remarquons bien, de plus, que la science sociale est une science non pas finie, mais qui commence, et ne sera jamais terminée.

Chaque jour, en effet, une nouvelle découverte industrielle, un nouveau progrès de l'esprit humain, une nouvelle conquête du savoir sur l'ignorance, peut agrandir l'horizon, modifier les lois d'application.

Il faut donc trouver un mécanisme qui permette au progrès social de se produire graduellement, doucement, à chaque minute, et sur tous les points à la fois, sans secousse, sans obstacle, qui permette, en un mot, à la société de se développer, comme se développe le corps humain, comme pousse la plante, par une assimilation incessante et complète de tous les éléments de vie, de force et d'amélioration.

Ce mécanisme ne peut être l'Etat, même ouvrier, réglant autoritairement, en tant qu'Etat, l'organisation du travail et la constitution économique de la société.

Ce mécanisme ne peut être que l'*Autonomie fédérale* conviant les travailleurs, les intéressés, les groupes naturels rentrés dans leur liberté d'action, à trancher toutes les questions qui les touchent, et à se solidariser au mieux des intérêts généraux et particuliers.

L'*Etat bourgeois* est votre ennemi, — soit.

L'*Etat ouvrier* serait impuissant, car il serait toujours l'Etat, — c'est-à-dire la dictature, — c'est-à-dire le contraire de la liberté qui est le droit, et de l'égalité qui est la justice.

XVII

Ce que donne le Parlementarisme.

— Anne, ma sœur Anne, ne vois-tu rien venir?

— Je ne vois que l'*Opportunisme* qui verdoie, et le *Gouvernementalisme* qui poudroie!

— Comment, toujours! — Est-ce que mes représentants, les représentants de la France, les représentants du Peuple souverain, ne sont pas là? — Il m'avait semblé les voir accourir du fond de l'horizon, au triple galop de leurs professions de foi démocratiques et sociales.

— Si, si, ils sont là.

— Que font-ils donc?

— Ce qu'ils ont fait et ce qu'ils feront toujours. — Ils acclament la Centralisation et ne parlent que d'Unité et de Pouvoir fort!

— Ensuite?

— Ils déclarent, suivant l'occasion, que les conseils de guerre ont bien mérité de la patrie...

— Ah!

— Et que l'Europe nous envie notre magistrature!

— Oh!

— Ils augmentent le budget des cultes.

— Ah! ah!

— Et ils font la risette à l'Etat, qui est leur idole.

— Oh! oh!

— Tu vois donc bien qu'ils ne perdent pas leur temps, et que tu n'avais pas la berlue en supposant qu'ils accouraient au triple galop de leurs professions de foi libérales et républicaines.

— Mais ils m'avaient promis autre chose.

— Quoi donc?

— L'amnistie!

— Impossible! — Cela effraie le GOUVERNEMENT.

— La suppression de l'armée permanente, qui ne m'a jamais protégé contre les invasions, mais qui m'a procuré deux coups d'Etat, et qui déjà, deux fois, a tué la République.

— Impossible! — Il faut des soldats au GOUVERNEMENT.

— La suppression de la magistrature inamovible, décorable et avançable.

— Impossible! — Pour frapper les journaux républicains et former des commissions mixtes, — quand il sauve la société, — il faut des juges au GOUVERNEMENT.

— La liberté de la presse!

— Impossible! — Si on n'imposait pas silence aux récalcitrants, et si on laissait tout bêtement circuler la pensée humaine sans menottes et sans gendarmes, — on ne serait pas le GOUVERNEMENT!

— Le droit de réunion!

— Impossible! — Si les citoyens pouvaient s'entendre entre eux, traiter de leurs affaires et de leurs intérêts, — que deviendrait le GOUVERNEMENT?

— Le droit d'association!

— Impossible! — Si les gouvernés pouvaient s'unir, se

grouper, c'est-à-dire vivre et se gouverner par eux-mêmes, faire passer leur volonté dans les faits, — que resterait-il à faire au GOUVERNEMENT?

— La décentralisation!

— Impossible! — La Centralisation, c'est le GOUVERNEMENT!

— La réforme des impôts, qui pèsent sur le pauvre et respectent le riche!

— Impossible! — Le privilége, c'est le GOUVERNEMENT.

— Mais alors, c'est l'ennemi!

— Parbleu!

— Cependant, j'ai chargé mes représentants de faire valoir et triompher mes volontés.

— Oui, et aussitôt arrivés à Versailles, ils sonnent à la porte du gouvernement, et lui disent, tête nue:

— « Monseigneur, que vous convient-il que nous accordions au peuple souverain? »

— Rien! — répond le gouvernement. — Et tout est dit!

— C'est indigne!

— Mais logique. — Qu'es-tu? — Rien! — Qu'est le gouvernement? — Tout! — Ton argent? — Il va à l'Etat, pour payer *ses* agents, — gendarmes, préfets, magistrats, professeurs, clergé. — Tes fils? — Ils vont à l'armée, et tu sais ce que cela veut dire. — Tes représentants? — Tu les choisis dans la classe dirigeante, parmi ceux qui espèrent te gouverner à leur tour, et tu n'as aucune action sur eux. Ils ne relèvent que de leur conscience et de leur désintéressement. — La conscience d'Emile Ollivier et le désintéressement de Gambetta!

— Hélas!

— Tant qu'on fera des lois pour toi, elles seront contre toi!

— Que feront mes députés, s'ils ne font pas de lois?

— Ils en déferont! — La Révolution ne se compose que de lois *négatives:* — suppression successive et le plus rapide possible de tous les rouages qui constituent l'Etat unitaire, dictatorial, centralisé, tout-puissant, Thiériste, Mac-Mahonien ou gambettiste, dont tu jouis depuis une collection raisonnable de siècles.

— Et après ?

— Comment, après ? — On brise tes chaines, on coupe tes liens, on ouvre la porte de ta prison, on te restitue à toi-même, et tu t'écries : — Après ?

Niais... après, c'est la liberté et la vie ; cela te regarde !

XVIII

La Théorie du Pouvoir.

Qu'ai-je toujours dit ? — Que l'Etat était la négation même des droits des citoyens, que ce « bloc enfariné » qu'on appelle le gouvernement, parlementaire ou non, ne représentait que la dictature de l'Etat, que toute liberté serait vaine, inutile ou dérisoire, tant que l'Etat serait là, attendu qu'il ne pourrait en permettre, en supporter aucune.

Quelques niais, — il en reste encore dans la patrie de Jules Ferry, — n'ont pas manqué de prétendre que j'exagérais, et qu'il n'y a rien de plus facile que d'accommoder ensemble le feu et l'eau, le Pouvoir et la liberté, l'Etat et la démocratie, la Centralisation et l'Autonomie, l'Unité et le gouvernement direct.

Ils citaient les paroles de M. de Marcère à Domfront, ils s'écriaient que 33,000 communes de France venaient de conquérir leur Autonomie, par la nomination de leurs maires.

M. de Marcère a vu le coup que cela portait aux théories anarchistes et fédéralistes, et le voilà qui accourt à notre secours.

Ecoutez-le :

« Messieurs — écrit le ministre de l'intérieur aux préfets (1), « le Pouvoir législatif a voulu restituer aux communes une « liberté qui leur était chère, *mais il n'a pas voulu les rendre « indépendantes de l'Etat!* »

Autrement dit :

Art. 1er. — L'esclavage est aboli.

Art. 2. — Les esclaves continueront d'appartenir à leurs maîtres.

« Les maires sont, dans les communes, les *représentants du « Pouvoir central* et les *agents de l'Autorité supérieure* — « (donc ils ne sont pas les représentants de la commune). — « *Maires élus ou maires nommés par le gouvernement, leurs « Pouvoirs sont les mêmes*, et le témoignage qu'ils reçoivent « désormais de la confiance publique *ne change rien* à leur « autorité » — ni à leur situation de commis du gouvernement.

Nous n'avons jamais dit autre chose!

L'Etat n'entend rien céder de ses droits et de son omnipotence. Il n'y a qu'une nouvelle application de ce système qui consiste à faire couper par les citoyens eux-mêmes le bois vert dont l'Autorité leur carresse ensuite les côtes.

« Le gouvernement, animé de la volonté sincère d'aider le « pays dans la pratique de cette législation nouvelle, est, en « même temps, pénétré du devoir qu'il a de maintenir les « règles d'une administration vigilante et *partout active*, d'assu- « rer en tous lieux l'ordre — (c'est-à-dire l'obéissance à l'Etat) — « et la tranquillité publique, — (c'est-à-dire l'abdication devant « l'Etat) — en veillant *sur tous les points* et *sans cesse* à l'exécu- « tion des lois générales. Je n'hésiterai pas, en ce qui me con- « cerne, à user des moyens que la loi prévoyante — (oh! oui, « bien prévoyante!) — a mis dans mes mains pour *contraindre* « les maires à se conformer à leurs obligations, toutes les fois

(1) Novembre 1876.

« que vous me signalerez des actes de résistance—(lisez : indé-
« pendance) — ou d'*insubordination.* »

En un mot, chaque fois que le maire élu de la commune AFFRANCHIE ne sera pas d'accord avec le préfet nommé par l'Etat omnipotent, l'Etat brisera le maire !

« J'espère que les cas, s'ils se présentent, seront rares, et que « les communes de France tiendront à honneur de prouver « qu'elles sont dignes de la *liberté qui leur est rendue !* », — en ne s'en servant point.

Et voilà ce que c'est qu'une loi de liberté et l'Autonomie communale sous la dictature gouvernementale !

La loi dit à la commune : — Je t'affranchis : tu nommera ton maire.

L'Etat ajoute : — Le maire nommé sera *mon agent,* comme devant. Il n'y a « rien de changé à nos institutions », ce qui est vrai. Il n'y a qu'une hypocrisie de plus. — L'Etat est tout et la Commune rien.

Ce ne sera, certes, pas la faute de nos gouvernants, s'il reste la moindre illusion aux gouvernés.

Quelques jours après, cependant, M. de Marcère, prévoyant le cas probable où le public ne lirait pas sa circulaire, a voulu affirmer, du haut de la tribune, sous une nouvelle forme, les mêmes principes.

Il est question, cette fois, des Chambres syndicales.

Une loi est à l'étude qui doit décider de leur sort.

Il paraît naturel et logique d'interroger les intéressés.

Aussitôt le gouvernement interdit la réunion privée des délégués des chambres syndicales qui devait être appelée à donner son avis.

Pourquoi ?

Parce que, — répond l'Etat, par la bouche de M. de Marcère, — la réunion de ces délégués formerait un petit parlement que le gouvernement ne peut pas autoriser. — Il ne doit pas exister de représentation, hors la représentation constitutionnelle.

Et, de peur qu'on ne se trompe sur la portée de cette mesure, de peur qu'on ne la prenne pour un acte d'arbitraire passager, M. de Marcère, exposant, en deux mots, le fond de la théorie gouvernementale, ajoute :

« On nous dit que ces réunions ont pour objet de nous faire « connaître des choses que nous ignorons. — Je proteste et je « dis que, dans cette chambre et dans l'autre, toutes les lumiè- « res sont réunies. *Je suis dans la théorie du droit public!...* « Au point de vue de la science politique, on ne peut admettre « qu'il y ait des lumières parlementaires, législatives, qu'on « puisse consulter sous forme de Congrès, en dehors des repré- « sentations organisées par la Constitution. »

Voilà le despotisme de tous les temps réduit à sa formule la plus simple.

Trottez, peuples! (1)

— L'Etat, c'est moi, — disait hier Louis XIV.

— Je suis toutes les lumières, je suis la science infuse, je suis l'infaillibilité, — donc j'ai tous les droits et j'exerce tous les Pouvoirs, — dit aujourd'hui l'Etat.

Quelle différence, au point de vue de la liberté des gouvernés, voyez-vous entre les deux formules?

Remarquez que M. de Marcère a raison, car si l'Etat n'était pas toutes les lumières, s'il n'était pas la science infuse, s'il n'était pas l'infaillibilité, que serait-il? — Un simple agent d'exécution des volontés populaires. — Mais alors il obéirait au lieu de commander. — Il ne serait plus la Dictature, il ne serait plus l'Etat. — Ce serait le peuple qui aurait les droits et qui exercerait le Pouvoir, — et le gouvernement, absorbé par la souveraineté populaire, disparaîtrait.

(1) Il ne faut pas oublier que c'est un ministre *républicain*, cassé aux gages, depuis, par M. de Mac-Mahon, pour excès de libéralisme, un des 363, qui expose cette théorie. Quand il s'agit de l'Etat et de sa prépondérance, il n'y a plus de différence entre Gambetta et de Fourtou — Tous s'entendent pour le maintenir, seulement chacun veut s'en servir au profit de ses idées propres ou de ses ambitions.

Il y a donc antinomie absolue, contradiction irréductible, entre la souveraineté populaire et la souveraineté de l'Etat. On ne peut pas obéir et commander à la fois, être à la fois le gouvernant et le gouverné, et le système parlementaire de la délégation de la souveraineté du peuple ne peut être que le système de l'abdication de la souveraineté du peuple.

Déléguer ses Pouvoirs, c'est se donner un maître.

Je le dis, et M. de Marcère le prouve.

Tant que l'Etat subsistera, n'espérez donc rien.

Toute prétendue liberté sera despotisme ou dérision entre ses mains.

Toute représentation sera sienne, ou ne sera pas.

Il n'y a pas de droit contre la force. Il n'y a pas d'autre souveraineté, en face du Pouvoir, que le Pouvoir!

XIX

Les Libertés Constitutionnelles.

Autrefois, — disent les malins, — le gouvernement confondait dans les mêmes mains l'*Exécutif*, le *Législatif* et le *Judiciaire*, — c'est-à-dire que le même individu ou les mêmes individus décrétaient la loi, l'appliquaient et jugeaient les contrevenants.

Cela constituait une tyrannie insupportable. Nulle garantie. C'était purement et simplement le bon plaisir de l'Etat.

— Quel despotisme! — s'écrie-t-on. — Comment a-t-on pu supporter si longtemps un pareil état de choses! — Mais la Révolution est venue, et tout cela a changé.

— Vraiment! — Ainsi vous avez résolu le problème d'être gouvernés et d'être libres?

— Absolument.

— Comment cela?

— Par le moyen le plus simple et le plus énergique à la fois. On a coupé l'Etat en trois, le Pouvoir en trois, le Gouvernement en trois.

— En un mot, au lieu d'une machine à un seul rouage, vous avez créé une machine à trois rouages!

— Voilà!

— Et alors, vous n'êtes plus broyés par la machine?

— Nous ne devons plus l'être. Demandez à tous les hommes politiques. Ce qui constituait la tyrannie, c'est, suivant eux, la confusion dans les mêmes mains des trois pouvoirs de l'Etat. Donc, le contraire constitue la liberté. Or, j'ai séparé l'*Exécutif*, le *Législatif*, le *Judiciaire;* — par conséquent, je suis libre.

— Alors, vous n'êtes plus ni *exécutés*, ni *légiférés*, ni *judiciés?*

— Plus que jamais. Seulement, ce ne sont plus les mêmes individus qui exécutent, qui légifèrent et qui jugent.

— Et c'est en cela que consiste la liberté?

— Justement!

— L'Exécutif, c'est donc vous?

— C'est moi!... sans l'être. — C'est-à-dire que je lui ai donné l'armée, la police, l'administration, l'argent...

— En un mot, la force.

— Evidemment, mais, pour faire triompher la loi, il le faut bien.

— Si ce n'est l'Exécutif, c'est donc le Législatif qui est vous?

— Oui, c'est-à-dire, non, ou, plutôt, oui et non. — Je nomme les législateurs.

— C'est quelque chose. — Et vous leur imposez un mandat impératif?

— Jamais! La loi le défend.

— Quelle loi?

— La loi faite par *mes* législateurs.

— Alors ils peuvent faire des lois contre vous?

— Parbleu! puisqu'ils sont les représentants du peuple souverain!

— Ils font ce qu'ils veulent?

— Ils le font sans le faire. — Ils ont à marcher d'accord avec l'Exécutif, qui s'oppose à toutes les lois qui diminueraient son indépendance et son pouvoir.

— Et ils cèdent.

— Naturellement, c'est la base même du système. Puis ils doivent respecter la nature de leur mandat. Législateurs, ils donnent l'exemple du respect de la loi; or la loi, c'est que l'Exécutif soit fort et indépendant. L'Exécutif ne leur permet donc pas de faire des lois qui touchent à la force et à l'indépendance dudit Exécutif, — ce qui équivaudrait à détruire le gouvernement, — ce qui serait la Révolution. Mais comme ils sont la légalité, ils sont le contraire de la Révolution, et, d'autre part, comme ils sont les représentants de la Souveraineté populaire, et qu'ils ont délégué le pouvoir à l'Exécutif, de même que je leur ai délégué mes droits, on comprend bien qu'ils ne peuvent pas détruire le gouvernement dont ils sont un des rouages, et qui représente mes propres libertés.

— Dans tout cet amphigouri, je ne saisis qu'une chose, c'est que le *Législatif* dépend de l'*Exécutif*. — Le Pouvoir judiciaire est-il indépendant, au moins?

— Il l'est... sans l'être. — Les juges sont inamovibles.

— Ah! vraiment!

— Mais ils sont nommés par le gouvernement, et leur avancement dépend du ministre de la justice.

— Oui, je comprends. Ils sont inamovibles vis-à-vis du peuple, et extrêmement *movibles* vis-à-vis du gouvernement dont leur avenir dépend. Je pensais qu'ils étaient nommés par vous, — sans cela je ne vois pas la fameuse séparation...

— Ils le sont, — sans l'être. — Je nomme le *Législatif*, qui nomme l'*Exécutif*, qui nomme le *Judiciaire*, de telle sorte qu'en fait, ce dernier émane du peuple...

— Oui... approximativement.

— Comme toute la machine gouvernementale.

— En résumé, il y avait, autrefois, quelqu'un qui n'était pas le peuple et qui réunissait tous les pouvoirs. Aujourd'hui, il y a trois rouages qui ne sont pas le peuple, et qui se partagent tous les pouvoirs, — et c'est en cela que consiste la Souveraineté populaire.

— Vous l'avez dit.

— C'est le mystère de la Trinité appliqué au Gouvernementalisme. Le père, le fils et le St-Esprit qui s'engendrent mutuellement.

— Rien de plus exact.

— Et c'est pour cette chinoiserie que, depuis quatre-vingts ans, vous versez votre sang ?

— Une chinoiserie, mes libertés constitutionnelles ! Une chinoiserie, le Gouvernement parlementaire ! Une chinoiserie, la mise en œuvre de ma souveraineté !

— Où est-elle là-dedans ?

— Partout ! — Seulement, je l'ai déléguée.

— Alors, vous ne l'avez plus.

— Comment !

— Pour une raison fort simple, et que comprendrait un enfant de trois ans.

— Laquelle ?

C'est qu'on n'a plus ce que l'on a donné.

XX

Le Régime Parlementaire.

Un fait qui doit finir par frapper les esprits les plus indifférents, c'est que les plaintes et les critiques sont identiquement les mêmes, quelle que soit la forme du gouvernement qui préside à nos destinées, et que, sauf les gens nouveaux portés aux affaires, les mécontents sont aussi les mêmes, et se recrutent dans les mêmes catégories sociales.

Il y a donc lieu de croire que les abus ne disparaissent point, et que les souffrances persistent.

Cependant la *République française*, le *Siècle* et les autres journaux de l'*opportunisme* à la suite, ne cessent de nous chanter les louanges du régime parlementaire, de l'opposer au régime personnel.

Il est certain qu'à ne considérer que la superficie, un abîme sépare l'Empire et la République, même Mac-Mahonienne.

Prenons la situation dans son beau, au point de vue théorique, en dehors de tous les coups d'Etat inévitables, en admettant que la Constitution soit respectée et pratiquée loyalement, — et rendons-nous compte de la réalité.

Hier, la France avait un chef inamovible, et par conséquent irresponsable, et la France lui appartenait à ce point que le fils de ce chef devait hériter de la nation, comme on hérite d'une maison ou d'un troupeau.

Ce chef avait droit de paix et de guerre,—et il en usait!

Il choisissait ses ministres à son bon plaisir.

Il nommait directement les sénateurs.

Les députés élus par le peuple, mais liés par un serment de fidélité à la dynastie, ne pouvaient toucher à aucun des priviléges du Pouvoir, étaient absolument réduits à l'impuissance, etc., etc.

En un mot, la France était aux mains d'un homme!

Sous la 3e République, le chef du Pouvoir est temporaire, élu par les représentants de la nation.

Il n'a plus le droit de paix et de guerre, ni même d'amnistie. On ne lui a laissé que la « large clémence ».

Les ministres dépendent absolument du Parlement.

Le Parlement lui-même est tout-puissant. Il a l'initiative des lois. Il est maître de la situation.

A tous les degrés de la machine politique, nous avons l'élection, et les élus sont temporaires.

Voilà bien, si je ne me trompe, les termes de la Constitution.

Quelle différence entre les deux régimes!

C'est là ce que les bons auteurs et les hommes sages appellent l'organisation de la démocratie. Tous les Pouvoirs sortent du peuple par le suffrage universel, et tous les Pouvoirs sont révocables.

Un habitant de la lune à qui l'on raconterait cette histoire jurerait que nous n'avons plus rien à désirer.

Résultat: — Néant!

Ni une liberté de plus dans la sphère politique, ni une amélioration quelconque dans la sphère sociale

Ce Pouvoir *électif* et *temporaire* nous fait trotter comme le Pouvoir *personnel* et *héréditaire*.

Pas une réforme! — Pas un progrès!

Le balayeur des rues qui gagnait 1 fr. 50 c. sous Louis-Philippe ou Napoléon III, les gagne encore sous Thiers ou Mac-Mahon, et serait bien étonné si on lui soutenait qu'une immense Révolution s'est accomplie dans nos institutions, que nous avons passé du régime monarchique au régime républicain, et du despotisme à la démocratie.

Le jour où M. Gambetta remplacerait le maréchal Mac-Mahon, il serait même à craindre que ce balayeur des rues ne puisse prendre part aux réjouissances publiques de MM. Challemel-Lacour et Jules Ferry, — étant mort de misère juste à l'instant où se produirait un si heureux événement.

Comment peut-il se faire que des régimes aussi différents en apparence, et des hommes aussi divers au Pouvoir, ne modifient rien, ne changent rien à l'état vrai des choses?

Rien de plus simple! — Tant que nous ne l'aurons pas compris, nous ne sortirons pas du gâchis et de l'asservissement.

Le chef du Pouvoir est temporaire, — c'est vrai, — mais il est toujours le chef du même Pouvoir, d'un Pouvoir dont les attributions, les moyens d'action et l'omnipotence n'ont point varié.

Et le maréchal notamment s'est chargé de le prouver.

On doit le remplacer tous les sept ans, — sans doute. — Mais c'est absolument comme si le roy mourait tous les sept ans, au lieu de mourir à intervalles irréguliers.

Il est élu, et nous échappons aux hasards de l'hérédité, — cela est certain. — Mais nous subissons les hasards d'une majorité sujette à tous les entraînements, à toutes les oscillations que lui font subir quelques malins et quelques ambitieux.

Qu'un membre de la gauche ait la grippe, le jour de l'élection présidentielle, — et voilà la marche du pays modifiée pour sept ans, car il sufit d'une voix pour régler nos destins.

Il n'y a pas si longtemps que la République et la monarchie se jouaient à pile ou face dans l'Assemblée précédente, et ce fut *une voix* qui décida du sort d'une grande nation.

Au Sénat, — qui a droit de *veto* sur toutes les lois et qui peut dissoudre la Chambre des députés, — la majorité dépend d'un groupe de *dix voix* qui se portent à droite ou à gauche, suivant leur intérêt personnel.-

Parce que cela s'appelle le régime parlementaire, trouvez-vous que cela soit une garantie suffisante?

Les ministres dépendent du Parlement, — évidemment.

Mais si le chef du Pouvoir ne veut pas subir les choix du Parlement, — qu'arrivera-t-il?

Vous voilà placés entre le coup d'Etat et une révolution. (1)

Qui cédera?

Le Parlement a, dit-on, le droit pour lui.

Le chef du Pouvoir a la force, car il commande à l'armée.

C'est la même situation qu'en face d'un monarque quelconque.

Le Parlement a l'iniative des lois. — Il peut ce qu'il veut. — Légalement il est le maître. — Telle est la théorie.

Admettons la théorie, encore une fois.

Hier, nous appartenions à la volonté, au caprice, aux intérêts d'un homme.

Aujourd'hui, nous appartenons à la volonté, aux caprices, aux intérêts de cinq cents individus, entre lesquels ce n'est point la volonté du peuple qui décide, mais la force brute d'un chiffre.

La voix d'un *opportuniste* quelconque, ou d'un Lorgeril, ou d'un Belcastel, peut arrêter toutes les réformes à un moment donné.

Qu'un Gambetta, nommé comme intransigeant, alléché par le Pouvoir dont l'odeur de chair fraîche l'attire, fasse espérer des portefeuilles, des ambassades, des préfectures, des recettes générales à ceux qui le suivront, et la Révolution entravée reste à croquer le marmot.

Le régime parlementaire n'est donc qu'une apparence, qu'un trompe-l'œil.

Au fond, vous y retrouvez toujours la toute-puissance de l'Etat, et la dictature du gouvernement. — C'est toujours le *principe d'autorité* qui domine et qui dirige tout.

(1) Ecrit en décembre 1876. — On voit que nous avions deviné juste.

L'autorité passe d'une main à l'autre, mais par-dessus la tête du peuple.

En un mot, que le gouvernement soit héréditaire ou électif, temporaire ou à vie, — cela ne change rien à la nature des choses. — C'est toujours un homme, ou une collection d'individus, ou une classe dirigeante, qui tient le Pouvoir et qui décide du sort de la nation.

Qu'on renouvelle tant qu'on voudra la délégation de l'Autorité, cela ne modifie pas son caractère autoritaire, et le peuple n'en est pas moins dépossédé.

On renouvelle aussi le charbon et l'eau de la machine à vapeur. En est-elle moins la même machine?

Fourrez au Pouvoir qui vous voudrez, — ce sera toujours le même Pouvoir.

Or, tant qu'il y aura un Pouvoir *au-dessus* du peuple, ce Pouvoir sera *contre* le peuple, — et vous en avez la preuve depuis que nous sommes censément en République.

Si, quand les esclaves des colonies réclamaient leur affranchissement, on leur avait dit :

— Vous voulez la liberté, mes bons amis? — Rien de plus simple. Désormais, au lieu d'être vendus au marché, vous choisirez vous-mêmes votre maître, — les esclaves auraient haussé les épaules, sachant bien que, choisi ou non, le maître les aurait fouaillés à son caprice.

Vous vouliez votre affranchissement, — on vous accorde de choisir vous-mêmes vos gouvernants, et les farceurs vous assurent que vous êtes libres.

Mais les pontons de mai 1871, après les pontons de juin 1848, vous apprennent que, si le maître est choisi par vous, il n'en sait pas moins vous fouailler... de main de maître.

XXI

Ceci tuera cela! (1)

Ou la République supprimera l'Unité et la Centralisation gouvernementale, — ou l'Unité et la Centralisation gouvernementale suppriment la République.

Rien ne peut prévaloir contre la logique des choses.

L'Unité et la Centralisation étant l'essence même de la monarchie, comment voulez-vous que, tôt ou tard, elles ne ramènent pas la monarchie,— dont, en attendant, le Pouvoir personnel garde la place?

Regardez autour de vous.

Voilà cinq ans que vous êtes en République autoritaire, unitaire et centralisée, et, chaque fois que la République ouvre la bouche, — c'est le pouvoir personnel, pur et simple, qui parle!

Aussi, — au lieu de s'occuper des réformes urgentes et de l'amélioration de l'état social,—détournant ses yeux du peuple qui devrait être son unique préoccupation et son seul objectif, — tantôt à genoux, sous la conduite de l'*Opportunisme*, tantôt à demi relevée, quand l'humiliation de sa posture lui devient trop pénible, ou lui cause des crampes trop insupportables, — la République cherche en vain à échapper au joug de ce pouvoir personnel qu'elle a laissé au fond des institutions, — et qui lui met le pied sur la gorge.

(1) Ecrit en décembre 1876. —Les événements, on peut le constater, n'ont pas tardé à prouver l'exactitude de notre principe.

Garde-t-elle le silence? — C'est l'abdication, c'est le suicide!

Essaie-t-elle protester? — C'est le conflit, la crise qui s'éternise, et le pouvoir exécutif qui, frisant ses moustaches et lissant sa barbiche, fait entrevoir dans l'ombre l'éclair de la vieille flamberge des coups d'Etat.

Entre deux éléments contradictoires, entre deux principes ennemis accolés qui luttent, la guerre ne peut finir que par l'anéantissement de l'un des adversaires.

Vous ne sortirez donc jamais de ce dilemme :

Ou la liberté s'appuyant sur l'Autonomie des communes, l'organisation des forces productives, et la fédération des groupes,—ou le Pouvoir personnel s'appuyant sur l'Unité, la Centralisation, l'armée, le clergé, la magistrature, le capital.

Ou la République, — ou la monarchie!

Ou la Révolution, — ou la Dictature!

Il n'y a pas de moyen terme.

Les accommoder ensemble, — impossible!

Leur chercher un *modus vivendi*, — autant chercher la quadrature du cercle et le mouvement perpétuel.

Depuis quatre-vingts ans que vous y essayez, — vous voyez le joli résultat.

Si le Pouvoir personnel cède, par hasard, aujourd'hui, — en apparence,—c'est qu'il attend son heure,—et il ne vous le laisse pas ignorer.

Demain, dans huit jours, ou dans un an, — il recommencera la bataille, et, si l'occasion est bonne, si vous l'avez laissé croître et se fortifier, c'est lui qui sera vainqueur.

Il en est ainsi, en tout temps, en tout pays.

Hier, c'était l'Espagne qui proclamait la République. Mais la République espagnole était aux mains des Jules Simon, des Jules Favre, des Gambetta d'outre-Pyrénées. Ils firent ce que faisaient, chez nous, ce que font encore ces autoritaires barbouillés de parlementarisme : — ils respectèrent tous les rouages de la monarchie, gardèrent la centralisation, l'armée et ses généraux, et, un beau jour, un général qui ne se sentait ni assez populaire, ni assez victorieux, pour prendre le Pouvoir en son nom propre, ramena la monarchie dans la personne d'Alphonse XII.

La dictature étant restée dans les choses, le dictateur ne pouvait tarder.

Avant-hier, c'était l'Italie.

L'Italie n'a que des traditions fédéralistes et républicaines. Son passé tout entier, ses gloires, sa puissance, sa prospérité, ses richesses et ses arts, sa civilisation même, appartiennent à l'époque où cent cités autonomes se gouvernaient en libres républiques.

Ecrasée, conquise, anéantie, par le double effort de la papauté et des monarchies étrangères, pendant trois siècles, elle fut, au milieu de l'Europe, comme un immense cadavre.

Un beau jour, pourtant, elle se réveilla à la voix de Mazzini, patriote infatigable, conspirateur hors ligne, républicain sincère.

Qui n'aurait juré que l'Italie, aux antécédents républicains, aux instincts communalistes, — dans un moment, de plus, où le souffle démocratique agite l'Europe entière et menace toutes les vieilles monarchies, — qui n'aurait juré que l'Italie allait se réveiller République?

Elle se réveilla monarchie!

Un républicain l'appelait aux armes!

Elle se leva, — et acclama un roi!

Pourquoi?

Parce que Mazzini lui prêchait en même temps l'UNITÉ, lui recommandait de chercher la FORCE dans la concentration, s'écriait qu'il n'était point l'ennemi du PRINCIPE D'AUTORITÉ, mais seulement de la royauté, — parce que Mazzini, spiritualiste et religieux, parlait de DIEU, avait écrit sur sa bannière : — *Dieu et le peuple!*

— L'Unité? — La force? — Le principe d'autorité? — La religion? — Présent! c'est moi! — répondit la Royauté.

Elle avait raison.

Et Mazzini repartit pour l'exil, pendant que l'Italie, dévoyée, couronnait Victor-Emmanuel.

Il en sera toujours de même.

Grattez le Russe, — dit-on, — vous trouverez le Cosaque.

Grattez l'Unité, — vous trouverez le Pouvoir!

Grattez la Centralisation, — vous trouverez l'Autorité!

Grattez le Gouvernement, — vous trouverez la Dictature!

Grattez la Dictature, — vous trouverez la Monarchie!

Vous n'y trouverez jamais ni la Liberté, ni la République!

XXII

A S. Exc. M. Jules Simon, ministre de l'Intérieur. (1)

Monsieur le ministre,

Vous êtes un grand philosophe, dit-on, et je crois volontiers. — J'ai ma petite philosophie aussi, moi, — mais évidemment d'une autre catégorie, ou, plutôt, d'une catégorie inférieure, — puisque votre philosophie vous a fait riche, professeur, député, académicien, ministre, tandis que la mienne me suffisait bien juste à supporter ma misère en tout temps, l'hospice en temps de maladie, et les *pontons* au lendemain de ces révolutions que j'accomplis, — et qui vous portent au pouvoir.

(1) Ecrit en décembre 1876.

Enfin l'illustre maréchal que vous servez, m'ayant, l'autre jour, gracié des vingt-sept minutes qui me restaient à faire sur mes cinq ans de prison, me voilà libre, et j'en profite pour causer un brin avec vous.

Entre philosophes, ces petites familiarités sont permises.

On assure que vous ramenez le gouvernement parlementaire, dont vous êtes, à proprement parler, la personnification en chair et en os.

Eh bien, voulez-vous que je vous le dise entre nous, mon cher confrère, ça ne me rassure pas du tout, et ça ne m'égaye nullement.

J'y ai déjà mordu trois fois, à votre gouvernement parlementaire, — sous Louis-Philippe, — de 1848 à 1851, — et en 1871 et années subséquentes.

Chaque fois, je m'y suis brisé les dents.

Sous Louis-Philippe, j'étais fort misérable, et je me rappelle qu'aux jours de crise, quand le peuple demandait du pain, — c'est du plomb qu'on lui donnait.

Il paraît que ça coûte moins cher!

Un avocat m'expliqua, à cette époque, que si les choses n'allaient pas mieux pour nous autres, c'est qu'il y avait un *cheveu* dans le régime, — le *cens,* — mais que, du jour où les députés seraient nommés par le peuple entier, au lieu d'être nommés par quelques gros rentiers, tout irait comme sur des roulettes!

Alors, vive la réforme! — Voilà donc la République et le suffrage universel!

Je me dis : Sauvé! — et j'embrassais les passants dans les rues, en pleurant de joie.

Mais, le lendemain, les *capitaux font grève,* et la misère augmente.—On m'avait promis l'organisation du travail, on ferme les ateliers nationaux!

Un orateur des clubs m'expliqua alors que la République et le suffrage universel étaient ce qu'on connaissait de mieux. Seulement, il y avait encore un *cheveu:* — l'ignorance du peuple et des paysans, qui leur faisait choisir des représentants qui ne les représentaient pas du tout.

En conséquence, Cavaignac m'envoie sur les pontons.

A l'amnistie, je rentre:—c'était l'empire!—Prospérité incommensurable! sauf que je crevais de faim.

Je me fais mineur à la Ricamarie.

Travail long et pesant, paye courte et légère... Je me mets en grève avec les camarades, je suis fusillé, conduit à l'hôpital, et transvasé dans une maison centrale.

Il paraît qu'il y avait toujours un *cheveu!* — Cette fois, ça s'appelait le *pouvoir personnel.*

Le 4 septembre nous délivre, la France et moi.—Puis viennent les élections générales.

Ah! je respirai!

En vingt-deux ans, le suffrage universel était sans doute devenu majeur, et saurait choisir ses représentants.

Patatras! — Voilà l'assemblée « du jour de malheur! » — Elle fait la paix avec les Prussiens et la guerre aux Parisiens.

Vous devez vous le rappeler, — vous en étiez!

Elle lâche l'Alsace et la Lorraine, et prend Paris, — et moi dedans!

Vous en étiez toujours!

Repontons et la prison pour cinq ans.

C'est là qu'un journaliste qui tressait des chaussons de lisière comme moi, m'expliqua qu'il y avait un nouveau *cheveu:* — la *guerre!*

Le peuple français, avachi par dix-huit années d'Empire, et l'armée, retour de Tortoni, voulant la paix à tout prix, on avait nommé tous les *capitulards* du pays, sans s'inquiéter d'autre chose. — Or, les capitulards avaient trouvé l'occasion bonne pour taper sur le peuple.

Mais je ne vous apprends rien, — car vous en étiez de plus en plus!

Enfin nous arrivons aux élections du 20 février. — Pour cette fois, l'Assemblée est républicaine. — Ça va marcher tout seul.

Allons, bon! — Ça ne bouge pas.

Un morceau de journal qui me tomba sous les yeux m'apprit qu'il y avait *deux cheveux:* — la *Présidence* et le *Sénat!*

Vous comprenez, cher philosophe, qu'après soixante-deux ans, — car j'ai juste votre âge, — d'une semblable expérience, on soit quelque peu méfiant et pas mal sceptique. — Ajoutez à cela que, dans le petit boniment de l'affiche, vous vous déclarez « profondément conservateur! »

Brrrr! ça donne la chair de poule!

Conservateur! Chaque fois qu'on prononce ce mot devant moi, il me semble qu'on me dit:

« Numérote tes os! »

Ayant toujours remarqué que *conservateur* en haut signifie *fusillade* et *déportation* en bas!

Donc vous êtes gouvernement à votre tour, — parlementaire et conservateur, qui plus est. — Comme j'ai déjà eu l'honneur de vous le dire, *ça me connaît*, pour mon malheur, et je me demande ce que ça pourrait bien me rapporter de bon.

Eh bien, soyons franc : — je ne crois plus aux gouvernements quels qu'ils soient. J'ai goûté de tous. C'est une nourriture, voyez-vous, qui ne convient pas à l'estomac des pauvres gens de mon espèce. Et puis, j'ai remarqué aussi autre chose, c'est que, sous tous les gouvernements, c'était toujours moi le gouverné, qu'étant gouverné, je ne me gouvernais jamais, et que, ne me gouvernant pas, il y avait un tas de petites douceurs qu'on me refusait, et que je me serais accordées, depuis longtemps, si j'avais mis la main moi-même à la pâte, — comme on dit vulgairement.

Quant à me représenter, c'est à quoi vous ne croyez pas plus que moi.

Vous êtes riche, — je suis pauvre.

Vous étiez professeur et académicien, — quand j'étais meurt-de-faim et *pontonné*.

Vous appartenez à la classe dite *libérale*, — et j'appartiens à la classe qu'on n'oserait dire même *libérée*.

Vous êtes bourgeois, — je suis ouvrier.

Vous êtes gouvernant, — je suis gouverné!

En mettant les choses au mieux, en admettant que vous soyez arrivé au Pouvoir debout, non à plat-ventre, pour y faire triompher vos idées, que diable voulez-vous que vos idées et vos intérêts aient de commun avec mes idées et mes intérêts?

Vous êtes en haut, je suis en bas, — ça change b...igrement le point de vue. — Vous êtes à l'endroit de la médaille, — moi au revers.

Vous voyez bien que nous nous tournons le dos.

Gouvernez d'accord, si vous le pouvez, avec la majorité parlementaire, et changez quelques préfets, l'abîme qui nous sépare, l'antagonisme qui fait de nous deux ennemis n'en sera pas moins grand, — et toute votre philosophie ne parviendra pas à résoudre les iniquités que toute ma philosophie m'a donné la force de subir.

Pour trancher les problèmes qui me touchent, il me faut deux outils:

Ma liberté politique dans la Commune, — ma liberté économique dans la Corporation.

Vous n'en êtes, comme vos prédécesseurs et comme le seront vos successeurs probables, — que la négation vivante, — puisque vous personnifiez, — parlementaire ou non, — la Centralisation-meule, l'Unité-Mazas, et le Pouvoir-gendarme.

Vous êtes toujours la roue du moulin, et je suis toujours le grain qui fournit la farine des riches, — mais à condition d'être broyé.

Un de vos ex-électeurs, ouvrier sans ouvrage.

XXIII

Les Ainés et les Cadets.

Le suffrage universel devait assurer le triomphe de la démocratie.

Il nous a donné l'empire, l'*Opportunisme*, et l'*ordre moral*, dont les jolis résultats continuent de se développer sous nos yeux.

Grâce à ce nouveau mécanisme introduit dans la machine gouvernementale, ce n'est plus, il est vrai, au nom du *droit divin*, ni au nom de l'oligarchie bourgeoise et censitaire, que nous sommes gouvernés, mais au nom de la majorité, du nombre brut et sans autre moralité qu'un total.

Or, dans un pays qui sort de quatorze siècles de monarchie et de catholicisme, — remettre le sort de la nation aux hasards d'une opération d'arithmétique ne peut produire d'autres conséquences que celles que nous subissons.

La majorité, — dans les circonstances actuelles, — est nécessairement ignorante, inconsciente, ou indifférente à des intérêts qu'elle ne comprend pas et qui ne lui paraissent pas la toucher directement.

De là cette conclusion que ce sont les *enténébrés* qui font la loi aux éclairés, par le moyen des intrigants, et que c'est le passé qui empoigne l'avenir au collet et le fourre au violon.

Il y a d'immenses communes, — Marseille, Lyon, Toulouse, Paris, — qui sont les capitales intellectuelles de la France, — cent autres centres populeux qui pourraient être Athènes, avoir

les lois de Solon, — et qui sont traitées en villes conquises au profit des bourgs pourris de l'ordre moral.

La famille française a ses ainés qui ne demanderaient qu'à s'élancer, libres et joyeux, sur la grande route démocratique et sociale; — mais elle a aussi ses cadets qui vagissent, en proie à toutes les coliques: — cléricale, bonapartiste et *brogliste*, et commencent à peine à ébaucher quelques pas incertains.

Or, Papa-Gouvernement et maman-Unité, ayant déclaré, du haut de leur omnipotence, que, dans une famille bien ordonnée, tout le monde doit avancer du même pas et subir la même discipline, — pour éviter l'*anarchie*, — ce sont les marmots mal mouchés qui font la loi, et les petits Poucet qui marchent en tête de la colonne pour en régler l'allure.

Avec un mauvais estomac, les meilleurs aliments se tournent en poison.

Avec la Centralisation gouvernementale et la Dictature de l'Etat, le suffrage universel, qui devait être l'affirmation de la Souveraineté populaire, n'est plus que l'abdication de la masse ignorante entre les mains des éternels ennemis du peuple.

Aussi, voyez les faits.

Paris accomplit les révolutions qui durent trois jours.

Les bébés électoraux élisent des gouvernements qui durent dix-huit ans.

Sous prétexte d'Unité et de Pouvoir tutélaire, Paris doit subir Cavaillon et Pontivy, qui sont deux contre un, et qui ne veulent pas subir Paris.

Le gouvernement sorti du nombre, fût-il un monstre de l'espèce des veaux à deux têtes, — Chambre et Sénat, — il n'importe.

Le nombre a parlé.

Il faut reculer ou patauger sur place, — tous ensemble.

De la sorte, nous assistons à ce spectacle:

Une France qui a des idées et des volontés, qui a, plus d'une fois, affranchi le monde, — et qui ne compte pas en France.

Une autre France qui n'a point d'idées, mais des instincts, — et qui gouverne, décime, emprisonne, exile, déporte, fusille la première!

A cela, on nous répond sérieusement qu'il faut bien que le gouvernement soit l'expression de la majorité, — ce qui revient à dire que dix-neuf millions d'ignorants, ou d'indifférents à la remorque de quelques privilégiés, n'entendant rien à la liberté et bêlant quand on leur parle de réformes sociales, les dix-sept millions qui savent et qui raisonnent doivent être voués à l'esclavage politique et économique.

Tout le monde ne pouvant y voir clair, tout le monde sera obligé de se laisser conduire par ce chien d'aveugle qu'on appelle le Pouvoir.

Aussi l'antagonisme est-il partout,—jusque dans le gouvernement lui-même, dont la lutte intestine qui le déchire n'est que l'image de la lutte qui énerve et tue la France.

Comparez, en effet, les *actes* du gouvernement aux *vœux* du Conseil municipal, soit de Paris, soit de Lyon, soit de Marseille.

Où l'un dit : Oui, — l'autre dit : Non.

Où l'un dit : Liberté, — l'autre dit : Autorité.

Où l'un dit: Réforme, — l'autre dit: Je suis profondément conservateur.

Où l'un dit: Progrès, — l'autre dit: Je respecte la religion.

De même qu'il y a une *volonté* du Sénat et une *aspiration* de la Chambre, il y a donc, sur beaucoup de points de la France, un idéal différent de l'idéal du gouvernement et supérieur au sien.

— Il en a toujours été ainsi! —s'écrient les adversaires de l'*Autonomie communale,* — et c'est le rôle du gouvernement de modérer les impatients, d'arrêter les réformes imprudentes, prématurées, qui voudraient s'imposer au pays avant d'être acceptées par la volonté générale.

D'accord.—Rien de plus logique, de plus *fatal*, du moment où il est convenu que trente-six millions d'individus, unis comme les frères siamois, devront se coucher, dormir, se lever, marcher, s'arrêter ensemble, manger à la même table, dans le même plat, le même pot-au-feu politico-social.

Mais si, au lieu d'être des frères siamois, nous étions des individualités libres et indépendantes, associée seulement pour notre avantage commun et notre plus grande sécurité, — tout changerait.

Plus de lutte, plus de compression.

Paris, n'engageant que lui-même, pourrait fort bien, — *dans ses murs*, — supprimer la police des mœurs.

Il pourrait, — *dans ses murs*, — organiser l'instruction gratuite, obligatoire, laïque, intégrale, professionnelle.

Il pourrait, — *dans ses murs*, — élire une magistrature épurée de tout *membre mixte*.

Il pourrait, — *dans ses murs*, — établir le divorce, abolir la peine de mort, se payer le luxe, — *dans ses murs*, — du droit de réunion et du droit d'association; régler, — *dans ses murs*, — les rapports du capital et du travail, étudier et résoudre tranquillement le problème social; expulser, — *de ses murs*, — les jésuites, etc., etc.

Du moment où il ferait tout cela, — *dans ses murs*, — du moment où chaque commune aurait le droit d'en faire autant, — *dans ses murs*, — le gouvernement, délivré de toute responsabilité, pourrait s'en laver les mains, et nul ne s'en prendrait à lui, ne lui demanderait protection, — car il n'aurait rien fait, et nul ne serait contraint de subir les audaces ou les inepties du voisin.

A ses réceptions officielles de Versailles, le Président de la République dirait à M. d'Audiffret-Pasquier :

— La Commune de Paris n'a-t-elle pas encore imaginé, ce matin, de proclamer l'égalité de l'homme et de la femme, et le droit de l'enfant, puis de rappeler les *communards* proscrits!

— Elle est bien bonne! — répondrait le président du Sénat.

Et tous deux riraient à ventre déboutonné de ces « toqués de Parisiens! »

Cela vaudrait peut-être autant que de les fusiller.

XXIV

L'Abdication.

Qu'ont fait les *représentants*, pendant la première session de la *République définitive*?

Ils ont lâché les *représentés*.

Que feront-ils pendant la seconde session qui va commencer (1) ... et pendant celles qui succéderont?

La même chose, suivant toute probabilité.

Faut-il en accuser les individus?

Oui, mais le système aussi.

Si les destinées d'un peuple dépendent, à un moment donné, du caractère, de l'énergie ou de l'intelligence de ceux qui ont le gouvernement en main, — de la sincérité d'un Jules Simon, ou de l'audace révolutionnaire d'un Gambetta, — c'est que le mécanisme politique et l'organisation sociale sont détestables.

Quand vous confiez vos intérêts à quelque homme d'affaire, — avocat, notaire, avoué, banquier, — vous n'abdiquez pas entre ses mains. Vous vous réservez de lui donner, chaque jour, de nouveaux ordres, de contrôler ses actes. Il ne peut engager votre fortune sans votre acquiescement formel à chaque mesure

(1) Ecrit en janvier 1877. En effet, les *représentants* ont si bien lâché les représentés qu'ils ont rendu le **16 mai** non-seulement possible, mais inévitable.

importante. Si ses capacités vous paraissent douteuses, si son honorabilité vous devient suspecte, — vous lui retirez ses pouvoirs, — et tout est dit.

Surtout vous ne vous adressez pas, — lors d'un procès d'où dépend votre avenir, celui de vos enfants, — aux représentants de la partie adverse, — et si quelque farceur vous le proposait, vous lui demanderiez s'il vous prend pour une bête.

Quand il s'agit de la question politique et sociale, tout change.

Vous choisissez vos représentants, il est vrai; mais vous leur remettez l'omnipotence pour un temps déterminé, — et lorsque l'heure arrive de les changer, de reprendre votre droit, — le mal est fait et souvent irréparable.

On a engagé la fortune publique, décidé de l'avenir national, prononcé sur vos destinées.

Au 20 février, vous avez renouvelé le personnel de vos fondés de pouvoir.

Mais les précédents, — également nommés par vous, — avaient élu un maréchal de l'empire à la présidence, décrété un Sénat, pesé tous les articles de la Constitution qui devait rendre la République impossible ou dérisoire.

C'était la loi, il ne vous restait plus qu'à la subir.

Dans trois ans, ou plus tôt, — car ça ne durera pas trois ans (1), — vous rentrerez soi-disant dans votre droit, — à moins qu'un coup d'Etat ne survienne, — et vous aurez encore la faculté de changer vos représentants.

Savez-vous ce qu'ils auront fait ou accepté d'ici là?

Savez-vous dans quelles conditions il vous sera permis d'accomplir cet acte unique de votre souveraineté pour rire? (2).

Tous les arguments qu'on faisait valoir jadis contre les plébiscites de l'Empire, alors qu'on soutenait avec raison qu'un peuple

(1) En effet, ça cassait quatre mois plus tard.

(2) Vous l'avez su depuis.

n'a pas le droit d'abdiquer, de stipuler pour les générations futures, — tous ces arguments, on peut les appliquer au système représentatif.

On n'a pas plus le droit de se dessaisir de sa Souveraineté pour quatre ans, pour un an, pour un mois, pour une heure, pour une minute, que pour cent ans ou pour l'éternité.

On n'a pas plus le droit d'engager demain, que le siècle qui suivra.

Vos élections sont autant de plébiscites par lesquels vous abdiquez.

La durée de l'abdication ne prouve rien, — votre Souveraineté n'a juste qu'une seconde : — celle où vous mettez votre bulletin dans l'urne.

Elle consiste en ceci exclusivement, qu'on vous accorde la faculté de la remettre à autrui.

Quoique cela se renouvelle à intervalles plus ou moins réguliers ou rapprochés, — vous voyez bien que vous n'en êtes pas plus libres.

Le gouvernement impérial disait :

— Vous allez souverainement déclarer, une fois pour toutes, que je suis à jamais votre maître, — moi et mes petits.

Le gouvernement représentatif, — républicain ou non, — vous dit :

— Tu nommeras tes maitres tous les quatre ans.

Quelle différence y a-t-il ?

Changer de maître, ce n'est pas changer de collier.

Ceux qui logent en garni, faute d'avoir une maison à eux, ont aussi la facilité et le droit de changer de propriétaire. — Ils peuvent même en changer tous les huit jours.

En sont-ils davantage chez eux pour cela ?

En sont-ils plus propriétaires de l'appartement qu'ils occupent ?

Ce n'est pas tout.

Non-seulement vos représentants, une fois nommés, ne dépendent plus de vous, et peuvent livrer toutes vos libertés,—comme ils font, — mais encore ce sont ceux de la partie adverse qui sont chargés de vous représenter.

Vous êtes la classe dirigée, — et vos représentants appartiennent à la classe dirigeante.

Vous êtes les salariés et les exploités, — ils sont les industriels, les commerçants, les rentiers.

Vous êtes les travailleurs, — ils sont les patrons.

Vous êtes les *possédés*,— ils sont les possesseurs.

Et vous les accusez de manquer d'énergie, quand ils sacrifient vos plus chères espérances, quand ils ajournent ou repoussent vos plus légitimes revendications!

Manquer d'énergie? — Non pas!

Vous les avez vus en juin 1848 et en mai 1871.

Dites-moi si jamais la Convention, d'énergique mémoire, a montré autant d'énergie contre les royalistes, la Vendée et l'étranger, qu'ils en ont déployé, eux, contre le prolétaire soulevé?

Manquer d'énergie?

Contre vous, — jamais!

Pour vous, — toujours!

Posez la question révolutionnaire, et tous ces lièvres de la gauche, dont le Sénat ne fait qu'une bouchée, deviendront des foudres de guerre en face de Paris communaliste.

En 89, le Tiers-Etat a-t-il chargé la noblesse et le clergé de faire la Révolution?

Nullement, il l'a faite lui-même, car il s'agissait de ses intérêts à lui, qui étaient opposés aux intérêts des représentants de la vieille société.

Aujourd'hui la révolution bourgeoise est faite et parfaite.

Le Tiers-Etat *est tout* et tient tout. — Il n'y a pas de réaction qui puisse le déposséder. — D'en haut, il n'a rien à craindre.

Que ce soit Henri V, Louis-Philippe II, Napoléon IV ou Mac-Mahon Ier, — que lui importe, en somme?

Les patrons n'en seront pas moins patrons, les Jules Simon n'en seront pas moins ministres, et la classe dirigeante n'en sera pas moins protégée contre les revendications populaires.

Tout ce que vous réclamez, vos maîtres l'ont.

La liberté d'association ? — Est-ce que les *capitalistes* ne l'ont pas, pleine et entière, poussée jusqu'à l'*Internationalisme* qu'on vous interdit ? — Il y a des frontières pour le travail et les travailleurs. Il n'y en a plus, depuis longtemps, pour les écus et les actionnaires.

Le droit de réunion ? — N'ont-ils pas tous les cercles, tous les clubs qui leur conviennent ?

L'organisation corporative ? — Ne l'ont-ils pas, et dans l'armée, et dans le clergé, et dans la magistrature, et dans l'administration, et dans le barreau, et dans les Chambres de commerce, et dans les compagnies financières ?

Le produit intégral de leur travail ? — Ne l'ont-ils pas, — et du vôtre avec ?

Tout ce qui vous manque, ils le possèdent, — et vous comptez sur eux pour vous le donner !

Vous dites : — Ils abandonnent toutes les libertés !

Erreur. — Ils n'abandonnent que les *vôtres*. — Eux n'y perdent rien.

Ils sont logiques. — C'est vous qui ne l'êtes pas :

1° En abdiquant votre part de Souveraineté par le mécanisme représentatif ;

2° En choisissant de plus vos soi-disant représentants parmi les membres de la classe ennemie.

XXV

L'Autonomie comme en Turquie.

On se rappelle encore avec quel entrain, aussi dépourvu de scrupule que de faiblesse, les représentants de la vieille société monarchico-bonaparto-cléricale et capitaliste ont fusillé, déporté et finalement mis à la raison les partisans de l'Autonomie communale en 1871.

Or, voilà que ces mêmes représentants, à Constantinople, lorsque éclata la guerre d'Orient, n'ont parlé, pendant je ne sais combien de semaines, que d'*Autonomie* pour les chrétiens soumis au joug de la Turquie.

Et de fait, il n'y a que trois solutions à la question d'Orient: — ou laisser les Slaves et les Grecs à la merci des Turcs, ou les donner à la Russie, ou résoudre par l'Autonomie l'antagonisme qui divise des races ennemies.

Tout le monde est d'accord là dessus, tout le monde reconnaît qu'une autonomie sérieuse, qui restituerait leur indépendance et leur liberté d'allures aux Valaques, Bulgares et autres Bosniaques, y compris les Grecs, mettrait un terme à ce gâchis de la question d'Orient, qui s'éternise, et, tôt ou tard, finira mal pour l'Europe, à moins que la solution révolutionnaire ne s'en mêle.

Mais comment diable les farouches représentants de l'Unité politique et de la Centralisation administrative, — plénipotentiaires russes, français, autrichiens, allemands, italiens, — peuvent-ils en arriver à soutenir, à défendre, à préconiser, — plus ou moins sincèrement, d'ailleurs, — un principe si contraire à tous leurs principes, à offrir aux peuples de la presqu'île des

Balkans, une panacée qu'ils déclarent poison, quand il s'agit de leurs concitoyens réciproques?

« — Oh ! — disent-ils, — en Turquie, il y a des chrétiens et « des musulmans, des hommes qui ont un soleil dans le dos, et « d'autres hommes qui portent un cœur enflammé sur la poi- « trine, des Slaves, des Roumains, des Grecs, des fils d'Othman, « — et ces gens là sont si dissemblables qu'ils ne peuvent vivre « ensemble.

« Leurs aspirations, leur tempérament, leurs croyances diffé- « rent si absolument qu'il serait impossible de trouver une seule « et même loi qui les mît d'accord.

« Les disciples de Mahomet regardent les chrétiens comme « des *chiens*, et les disciples de Jésus regardent les musulmans « commes des *réprouvés*.

« Les uns rêvent un paradis où l'on boit en compagnie des « Houris, les autres rêvent un paradis où des âmes sans corps « jouent du trombone en contemplant la face du Seigneur !

« La langue même diffère.

« Puis il y a des vainqueurs et des vaincus, des conquérants « et des conquis. — C'est odieux ! — Ils se haïssent, et les plus « forts oppriment les plus faibles.

« L'autonomie des groupes parerait à tout cela ! »

Eh bien, et en France?

Est-ce qu'il n'y a pas aussi des Bas-Bretons, des Provençaux, des Languedociens, des Gascons et des Flamands?

Est-ce qu'il n'y a pas des vainqueurs et des vaincus, des conquérants et des conquis, des *salariés* qui ne sont pas plus heureux que des Bulgares, et des capitalistes qui valent bien des *pachas?*

Est-ce qu'il n'y a pas des cléricaux et des libres penseurs, des chrétiens et des athées, des républicains et des bonapartistes, des socialistes et des conservateurs, des *Communards* et des *Versaillais?*

Est-ce que l'abîme qui séparait Millière du capitaine Garcin n'est pas aussi profond que celui qui sépare un chrétien d'un musulman ?

Est-ce qu'entre les *Communalistes* de 1871 et les vainqueurs de Paris, de Lyon, de Marseille, il n'y a pas autant de sang qu'entre un Bulgare et un Bachi-Bozouck ?

Est-ce qu'en France, comme en Turquie, plus qu'en Turquie, le sang versé n'est pas tout du même côté ?

Vous dites que les chrétiens désarmés sont à la discrétion des Turcs portant un arsenal à la ceinture !

Est-ce qu'en France tout le monde est armé ?

Est-ce que Paris n'est pas à la discrétion de Versailles ?

Est-ce que les révolutionnaires de tous pontons ne sont pas à la discrétion des conservateurs de toutes fusillades ?

La différence qui sépare un communaliste de M. Thiers, ou de ses successeurs, est plus profonde, plus irréductible, que celle qui sépare un Bulgare d'un Ottoman, et, quant à moi, je me sens plus éloigné de M. Gambetta, que le plus Palikare des Grecs ne peut l'être du plus Rédif des Turcs.

Si donc l'autonomie est bonne en Turquie, pourquoi serait-elle mauvaise en France ?

Pourquoi si le mal provient, en Turquie, de la dictature violente d'une classe et de l'oppression séculaire de races conquises, par une race conquérante,—en un mot de l'Unité politique et de la Centralisation administrative,— pourquoi la solution, en France, ne serait-elle pas dans la suppression de cette Unité politique et de cette Centralisation-galère, qui, depuis 85 ans, ne se maintiennent qu'à force de sang versé, de massacres, de villes prises d'assaut, de déportations et de proscriptions ?

Pourquoi, si vous reconnaissez que l'*Autonomie des groupes*, en Turquie, est la seule solution juste, celle qui admet, assure et consacre tous les droits, — celui du Slave, du Roumain, du Grec, celui du chrétien en face du musulman, celui du conquis en face du conquérant, celui du vaincu en face du vainqueur, celui du massacré en face du massacreur, — pourquoi ne voulez-vous pas accepter la même solution en France, ne pas reconnaître le même droit aux groupes dissidents de l'Union française?

Est-ce que le groupe parisien, le groupe lyonnais, ou marseillais, ou bordelais, ou nantais, ou toulousain, etc., ne vaut pas, comme intelligence, comme civilisation, comme idéal, comme portée morale, politique et sociale, le groupe bosniaque ou le groupe herzégovinien?

Et si ces gens-là, sous prétexte que leur drapeau porte une croix, au lieu d'un croissant, vous paraissent dignes de s'administrer eux-mêmes, — est-ce que les socialistes, les communalistes, — ceux qui rêvent la justice, qui prêchent l'égalité, qui confessent la liberté, qui invoquent la solidarité, qui communient sous les espèces du progrès et de l'affranchissement économiques, — ne peuvent pas en réclamer autant, et ne sont pas cent mille fois plus intéressants, plus méritants et plus capables ?

Vous constatez que la même loi ne peut convenir à des êtres si différents qu'un *chien de chrétien* et un *réprouvé de musulman,* et vous prétendez que la même loi convienne à ceux qui ont pris Paris et à ceux qu'on a pris dedans, à ceux qui veulent fonder l'avenir et à ceux qui veulent ramener le passé, — comme si il n'y avait pas plus d'antagonisme, entre le cerveau des juges qui condamnent les *fédérés* et le cerveau des fédérés qui agonisent dans la Nouvelle-Calédonie, qu'entre le cerveau d'un *Papou* de la Polynésie et celui d'un Européen du XIXe siècle!

Je demande pour les communes révolutionnaires de France, l'Autonomie qu'on réclame pour les villayets bulgares de la Turquie.

XXVI

L'Autonomie et l'Amnistie.

L'Autonomie s'applique à tous les problèmes, même à ceux qui en semblent le plus éloignés et le plus indépendants.

Prenons l'*amnistie* par exemple.

C'est là, du reste, une de ces questions dont on n'arrivera pas à se débarrasser aussi facilement qu'on l'aurait désiré.

Comme ces cadavres incommodes et révélateurs qui s'entêtent à surnager, malgré les pierres dont les surcharge l'*intéressé* aux abois, elle reviendra éternellement sur l'eau.

Eh bien, ici encore se produit cet antagonisme singulier que nous avons déjà signalé plusieurs fois entre l'esprit des représentants propres des communes ou des départements, et l'esprit des prétendus représentants de la France.

Où les uns disent *oui*, les autres disent *non*, et *vice versa*.

Le conseil général de la Seine exprime un vœu en faveur de l'amnistie pleine et entière. — La Chambre repousse toute espèce d'amnistie.

Si l'on consultait les représentants directs des communes de Lyon et de Marseille, il n'est pas douteux qu'ils émettraient le même vœu que les conseillers généraux de la Seine.

Ils l'ont déjà fait, du reste, si je ne me trompe.

De telle sorte que, sur cette question, ceux qui représentent la France ne représentent pas du tout les populations parisienne, lyonnaise, marseillaise, — qui sont aussi la France, pourtant.

Si l'on prenait toutes les questions politiques ou sociales, l'une après l'autre, et que les conseils municipaux, ou d'arrondissement, ou généraux, fussent admis à manifester des vœux en ces matières dites gouvernementales, on assisterait à la même cacophonie, et l'on arriverait à se convaincre que les députés ne représentent la France qu'à la condition de ne représenter aucune de ses fractions.

Ce serait exactement l'histoire de ce négociant qui, perdant sur chaque objet qu'il vendait au détail, prétendait se ratrapper sur la quantité.

Or, remarquez que, pour cette question de l'amnistie, c'est justement avec ceux qui y sont directement intéressés que les représentants du pays se trouvent en désaccord.

Si nous prenions la question des impôts, ou la question de l'armée permanente, ou la question de la magistrature, ou la question des rapports du travail avec le capital, ou la question de la séparation de l'Eglise et de l'Etat, — ou n'importe quelle question, en un mot,— nous aurions à signaler le même phénomène, et nous devrions constater que c'est toujours avec les *intéressés* que le Parlement national diffère d'avis.

Cela s'appelle *représenter la nation, le peuple tout entier*, et il paraît que c'est justement en cela que cela consiste.

D'où cette conclusion que, représenter la France, c'est représenter, sur tous les points de détail, l'opinion contraire à celle que les groupes naturels de la France,— soit *politiques*, comme la Commune, soit *économiques*, comme la Corporation,—feraient triompher, si on les interrogeait, s'ils étaient des autonomies vivantes, au lieu d'être autant de grains de sable sous le talon gouvernemental, — ce qui, en dernier lieu, amènerait à supposer que la prospérité publique résulte essentiellement des infortunes privées.

En effet, qui est intéressé *directement* à la question de l'amnistie, — si ce n'est Paris, Lyon, Marseille, Saint-Etienne,

Narbonne, Limoges, qui ont pris une part active au mouvement autonomiste de 1871?

Qui a vu des près les agissements des *Communards?*

Qui a pu les juger comme individus dans l'action?

Qui a pu apprécier leurs idées et leur but, — si ce n'est ces villes?

Où retourneront-ils, enfin, si les portes de la patrie leur sont rouvertes?

Chez eux naturellement, — à Paris, à Lyon, à Marseille, etc.

Donc ces communes sont à la fois les meilleurs juges, — puisqu'elles sont les seuls témoins *oculaires* des événements, — et les plus directement intéressées, — puisqu'il s'agit, en fait, d'ouvrir leurs murs aux vaincus de la Révolution du 18 mars 1871.

Avec le principe d'autonomie, la question serait bien vite tranchée: — on les consulterait, on leur demanderait ce qu'elles pensent, ce qu'elles veulent, on leur ferait voter par *oui* et par *non* la question de l'amnistie; — elles voteraient *oui*, et tout serait dit.

Eh bien, pas du tout! — Il fallait un mathématicien, dit Figaro, on prit un danseur.

Savez-vous qui on appelle à trancher la question?

D'abord le gouvernement! — c'est-à-dire le vainqueur, — après avoir été l'ennemi, — qu'on fait ainsi juge et partie dans sa propre cause.

C'est absolument comme si, dans une poursuite pour coups et blessures, on chargeait celui des deux champions qui a *tombé* l'autre de prononcer qui devra payer l'amende.

En second lieu, les représentants de la France! — c'est-à-dire 750 individus, dont cinquante à peu près représentent Paris, Marseille et Lyon, et dont sept cents représentent les diverses communes éloignées des faits, qui ne connaissent de l'histoire de la *Commune de Paris* que les jolies dépêches que vous savez, de M. Thiers, — ce Loriquet sanglant.

Car, dans ce procès, il y a encore cela de particulier que les accusés n'ont pas été admis à prendre la parole en France, que l'histoire écrite par les vainqueurs y est seule admise, et que l'histoire écrite par les vaincus y est considérée comme un délit.

De là ce joli résultat, que l'Europe, les deux Amériques, l'Asie, l'Afrique, — moins l'Algérie, — l'Océanie, savent la vérité sur les événements accomplis du 18 mars au 1er juin 1871, tandis que la France, — que cela regarde un peu, — moins quatre ou cinq villes qui ont *vu* les faits, n'en sait pas un traître mot, et qu'un Parlement composé de représentants nègres, chinois, japonais, sioux et polynésiens, pourrait trancher la question avec beaucoup plus de connaissance de cause que le Parlement qui siége à Versailles, sous le sabre tutélaire de M. de Mac-Mahon (1).

Ainsi, grâce au système gouvernemental qui a mérité d'être imité par la Prusse victorieuse de l'Allemagne fédérale, — et il ne l'a pas volé! — la question de l'amnistie a pour juges le gouvernement qui a vaincu la Commune, et les députés de soixante départements que cela n'intéresse point, qui ne connaissent pas le premier mot de l'affaire, et qui osent juger sur les *seules* pièces, les *seules* affirmations et les *seuls* témoignages des fusilleurs de mai.

Quant à Paris, qui a été « la proie » de la Commune pendant deux mois, — et qui demande l'amnistie, sachant sans doute pourquoi, — cela ne compte pas !

Quant à Lyon qui n'a point peur de ses *communards*, quant à Marseille qui les regrette, — cela n'a pas d'importance.

La Bretagne du cuirassier de Mun tremble, et le Gers des Cassagnac invective.

Cela suffit. — Ils décideront.

Ainsi le veut l'Unité, ainsi le veut la Centralisation, ainsi le veut le système parlementaire.

1. Ecrit en janvier 1877.

N'est-ce pas le cas de répéter le mot d'Arnal, dans je ne sais plus quel vaudeville, qui, lisant le récit d'un assassinat et arrivant à cette phrase : « La justice informe, » — s'arrêtait pour ajouter :

— Oh ! oui, bien informe !

XXVII

La République et la Révolution Sociale.

Si le peuple de France, en moins d'une siècle, a ramené trois fois la République, s'il l'aime, s'il y tient, — ce n'est sans doute point par un sentiment classique d'admiration pour les Républiques de l'antiquité.

Ces Républiques, reposant sur l'esclavage du travailleur, de la femme et de l'enfant, et qui sacrifiaient à la *raison d'Etat* même l'autonomie du citoyen libre, ne peuvent guère inspirer que de l'horreur, malgré leur incontestable grandeur politique.

Si le peuple veut la République, ce ne peut être davantage par un fétichisme étroit de telle ou telle forme de gouvernement, car personne n'ignore, — ainsi que Rome païenne, Venise catholique et Versailles *ordre-moralier* l'ont prouvé, — que le despotisme anonyme d'une oligarchie est quelquefois aussi effroyable et plus difficile à renverser que le Pouvoir personnel aux mains d'un bandit.

Ce n'est pas non plus, certes, par adoration du *parlementarisme*, qui n'est que l'incarnation de la Dictature bourgeoise.

Peu importe au peuple que M. Jules Simon soit ministre, et

que M. Gambetta ait l'espoir justifié de succéder, un jour ou l'autre, au maréchal dont il se disait hier « le collaborateur. »

Entre les dictateurs de la veille, au nom des principes conservateurs, et les dictateurs du lendemain, au nom de l'*Opportunisme*, — le peuple n'a pas à choisir, et ne choisit pas.

S'il y a un peu plus de sang aux mains des uns que des autres, c'est affaire de circonstance, non de conscience.

Si donc le peuple a voulu et veut la République, c'est qu'il en espère autre chose que ce qu'il pourrait attendre de la monarchie.

Mais, pour que la République lui procure les avantages auxquels il a droit, il faut que la République soit pourvue des organes appropriés à sa mission.

Or, le *Pouvoir politique*, qu'il soit républicain ou non, *est toujours l'expression d'une dictature quelconque.*

A la société féodale et guerrière, improductive et religieuse, du moyen âge, correspond la forme monarchique pure.

Cette société représente le Droit de la force. — Elle provient de la conquête ; — elle repose sur deux colonnes :

Dieu, le roy d'en haut, qui a ses privilégiés de la *grâce* et ses millions de sujets de l'enfer ;

Le Roy, ce dieu d'en bas, qui a ses favorisés de la naissance et ses damnés de la glèbe et du travail.

A la société bourgeoise et capitaliste correspond le *parlementarisme.* — L'Etat est un coffre-fort, la *classe dirigeante* une Compagnie anonyme à capital variable pour l'exploitation du travail d'autrui.

Comme dans toute association de ce genre, il y a un *conseil d'administration,* — pouvoir exécutif, — et un *conseil de surveillance,* — pouvoir législatif.

Le pays appartient à un certain nombre d'actionnaires en commandite, qui se partagent des dividendes appelés *instruction, fortune, instrument de travail, emplois salariés, gouvernement.*

Ce qui distingue la monarchie absolue du parlementarisme, — c'est identiquement la différence qui distingue la gestion arbitraire d'une fortune privée, reçue par héritage, de la gestion contrôlée des capitaux d'une réunion de boursiers toujours avides de s'enrichir.

Ce contrôle de la bourse, par ceux qui en tiennent les cordons, a reçu le nom de *libertés constitutionnelles* ou *politiques*.

Que ce régime se manifeste à l'aide d'un roi qui règne et ne gouverne pas, ou d'un président qui gouverne et ne règne pas, ou d'un conseil des ministres qui règne et gouverne, — qu'y gagne le peuple?

Ceci, que, le roi parti, la monarchie abolie de nom, il y voit clair.

Tant que la monarchie dure, — même édulcorée par le système représentatif, — on peut se faire illusion.

Qu'un Napoléon III soit sur le trône, — ses crimes, ses ineptics, attirent tous les regards. — On se figure que ce bandit ou cet idiot parti, on éprouvera un grand soulagement; que la France une fois rendue à elle-même, c'est la liberté et la justice qui occuperont le Pouvoir.

La République proclamée, la liberté s'appelle Thiers ou Mac-Mahon, la justice Dufaure, ou Martel, ou de Broglie.

Le despote est parti, — le despotisme est resté.

Il n'y a plus la Monarchie, il y a la République, et pourtant rien n'est changé.

C'est que le *despotisme politique* n'est que la forme extérieure de l'*esclavage économique*.

Il en naît, — et il l'engendre.

C'est donc l'esclavage économique qu'il faut abolir.

Mais est-ce possible avec le despotisme politique?

Peut-on séparer la Révolution *sociale* de la Révolution *politique?*

Peut-on résoudre le problème dans l'un de ses termes seulement?

En un mot, y a-t-il deux Révolutions ?

Non ; — il n'y en a qu'une.

Il est aussi impossible de fonder la liberté politique, comme le prétendent les soi-disant libéraux et les opportunistes, sans résoudre la question du servage social, qu'il est impossible de trancher la question sociale sans lui fournir les instruments de la liberté politique.

Les lois de la nature sont les mêmes en tout.

De ce que le soleil n'est pas le fruit, s'ensuit-il que le fruit pourrait mûrir sans le soleil ?

Pour que la vie humaine pût se produire sur la terre, il a fallu que le *milieu terrestre* fût devenu propre à recevoir les animaux supérieurs.

Pour que la Révolution sociale puisse s'accomplir, *il lui faut également un certain milieu politique*, — et comme ce milieu ne peut être la monarchie, le peuple, encore ébloui de la grande lumière de 92, a cru que la République le lui donnerait nécessairement, que, par elle, il arriverait à son affranchissement économique.

Il ne tardera pas à s'apercevoir que ce qu'il avait pris pour un but n'est qu'une étape, que ce qu'il avait cru une *affirmation* n'est qu'une *négation*, — en un mot, que la République parlementaire et bourgeoise n'a d'autre valeur par elle-même que d'être la *négation de la monarchie*, sans être encore l'affirmation du socialisme.

De ce que la liberté politique est un leurre sans l'égalité sociale, n'allons pas croire, d'ailleurs, que l'égalité sociale puisse croître et fleurir sans la lumière abondante de la liberté politique.

Seulement, cette liberté, il faut l'aller chercher *là où elle est*.

Il ne faut plus la demander aux *formes gouvernementales*, à la méthode unitaire et centraliste, — à l'*Etat*, en un mot.

Il faut la demander au fédéralisme, à l'autonomie des groupes, soit Commune, soit Corporation.

Nous savons qu'au-delà de la société actuelle, faite d'iniquité par le privilège, il existe une autre société, faite de science et de justice.

Le tout est d'y mettre le pied, de se l'approprier, de la faire passer du monde théorique des conceptions intellectuelles dans le monde pratique des faits matériels.

C'est à cela que sert la *méthode politique*, et cette méthode, nous ne saurions trop le répéter, c'est le *fédéralisme-communaliste et corporatif*.

La forme républicaine, qui peut être,—nous le voyons depuis six ans, — aussi bien le despotisme que la liberté, le privilége que la justice, l'oligarchie que la démocratie,—est, sans doute, la meilleure, — comme *forme transitoire*, — pour nous mener au but, —car elle possède une souplesse merveilleuse et se prête à toutes les transformations.

C'est un instrument qui joue, suivant le musicien, *Sauvons Rome et la France!* ou *la Marseillaise*.

C'est au peuple de l'emboucher et de lui faire jouer le *Ça ira!*

XXVIII

Le Rôle du Gouvernement.

La France jouissait en paix d'une Constitution, — que je ne qualifierai pas, — mais, enfin, elle en jouissait, puisque cela s'appelle jouir.

— Mon fils,—s'écriait un jour M. Prud'homme,—*jouit* d'une santé exécrable!

Donc la France jouissait de sa Constitution.

Ça fonctionnait tant bien que mal. — On rêvait, après le MacMahonat, l'Opportunisme, après l'Opportunisme, le Radicalisme, et ainsi de suite.

Les gens à illusions voyaient se dérouler les années, les partis se succéder au Pouvoir, apportant les uns et les autres une certaine quantité de progrès — inoffensifs, mais successifs.

On criait aux impatients, en leur montrant le poing :

— Tas de trouble-fête, que demandez-vous de plus ? — Imitez notre modération, pelés ! — Soyez calmes et sages, galeux ! — Tout vient à point à qui sait attendre, énergumènes !

On attendait, — et le 16 mai vint !

Voilà tout remis en question. — Trente-six millions de gouvernés le bec dans l'eau aujourd'hui, — dans le sang demain, au besoin.

La France sera-t-elle Dieu, ou cuvette ?

Qui le sait ? — Pour commencer, la situation révolutionnaire, à l'état aigu, en permanence.

Que s'est-il donc passé ? — Est-ce que les Radicaux, les Intransigeants, les Révolutionnaires, les Internationaux ont pris les armes, jeté bas le Gouvernement tutélaire qui..., la Constitution que... ?

Non pas. — C'est tout simplement le Gouvernement... qui gouverne !

Alors, le Gouvernement aurait troublé le pays ?

Justement. — Et il n'a jamais fait autre chose. — Pas une révolution qui n'ait été accomplie par le gouvernement, pas une insurrection qui ne soit sa fille, pas un cataclysme politique qui ne soit son fruit direct.

— Tiens ! tiens ! tiens ! — moi qui croyais que le Gouvernement avait pour mission et pour résultat de maintenir les lois, d'assurer la paix publique et la stabilité, de tenir la balance égale entre les compétitions des partis, de planer au-dessus de leurs passions, et de les vaincre par les bienfaits qu'il répandait, comme une manne céleste, sur la nation ravie !

— La bonne plaisanterie! — Qui a amené les deux premières invasions, fait de l'Europe un vaste champ de bataille, exaspéré les haines nationales, jeté la France épuisée aux pieds des Bourbons ramenés par les Cosaques?

C'est Napoléon Ier, — c'est-à-dire le Gouvernement!

Qui a fait la *Terreur blanche,* livré le pays aux jésuites, ensanglanté le Nord et le Midi par les cours prévôtales, signé les *Ordonnances de Juillet* qui ont enfanté la Révolution de 1830?

Louis XVIII et Charles X, — c'est-à-dire le Gouvernement!

Qui a fait la Révolution de 1848, en refusant l'*adjonction des capacités* et l'élargissement du droit de suffrage?

Louis-Philippe, — c'est-à-dire le Gouvernement!

Qui a renversé la deuxième République, fusillé, déporté, ruiné la France, créé la Prusse, amené la troisième invasion et ce qui s'en est suivi?

Louis-Napoléon, — c'est-à-dire le Gouvernement!

Qui a, dernièrement, crié à la Constitution qui fonctionnait paisiblement:

« C'est assez! ma conscience! Halte! Pouvoir personnel et cléricalisme! »

Qui a chassé les ministres, remis la forme du gouvernement en question, changé tous les fonctionnaires, fourré au violon toutes ces tolérances légales, qu'on appelle, en France, des libertés, imposé le silence au pays, établi, en fait, l'état de siège, sans donner même d'explications nettes sur ses intentions, suspendu le mouvement des affaires, inquiété tous les intérêts, *épaté* l'Europe, en un mot, créé un état révolutionnaire, — le pire de tous! — Qui?

Le Gouvernement, parbleu!

Si donc, tous les gouvernements politiques en font autant, c'est que tous le peuvent, et, s'ils le peuvent, c'est qu'ils en ont le pouvoir, et, tant qu'ils auront ce pouvoir, ils en useront, — de telle sorte que la théorie du Gouvernement fort n'est autre chose que la théorie de la Révolution en permanence, — mais de la Révolution mauvaise, — la Révolution par en haut, — qui écrase, — en opposition à la Révolution par en bas, — qui affranchit.

Mais l'anarchie ?

L'anarchie, la voilà !

Quiconque est au Pouvoir fait ce qu'il veut, peut détraquer la machine quand il lui plaît, changer à volonté, pour un temps donné, les destinées de tout un peuple, de l'Europe, du monde entier.

Je dis QUICONQUE.

Il n'a besoin ni de génie, ni même d'intelligence. — Mandrin ou Jocrisse, peu importe.

Il n'a qu'un nom. — Il s'appelle :

CELUI QUI PEUT !

Et il le prouve.

— Le suffrage universel renverra tous ces gens-là ; et leurs propres bêtises les chasseraient encore, à défaut de la volonté nationale !

— Peut-être !

Voilà bien des fois qu'on les renvoie, et ils y sont toujours !

Profitez de la leçon, voyez d'où vient le mal. — Il n'y a qu'un remède, employez-le.

Quand un préfet vous bouscule, ne vous dite pas :

— On changera le ministre, qui changera le préfet, et je serai tranquille.

— Jusqu'à quand ?

S'il suffit de changer le ministre pour changer les préfets qui piétinent sur vos droits et sur vos libertés, c'est que vos droits et vos libertés sont à la merci du préfet, qui est à la merci du ministre, qui est à la merci du hasard. Quand vous changez vos députés, quand vous en nommez d'autres, vous faites ce que fait un malade qui, se trouvant mal sur le côté droit, se retourne sur le côté gauche.

Changer de côté, c'est changer de malaise, — ce n'est pas se guérir!

La preuve que ce sont les lois qui sont mauvaises, que c'est l'organisme politique qui est détestable, que c'est le Gouvernement qui est la menace et l'ennemi, c'est que, sans abroger une loi, sans toucher à l'organisme politique, sans modifier le Pouvoir gouvernemental, — rien qu'à s'en servir, — les hommes au Pouvoir vous traitent, à leur caprice, comme des chiens!

Le mal existait donc *avant*, aussi bien que *pendant*.

Voulez-vous qu'il existe encore *après?*

Le chat dort aussi quelquefois, — ce qui n'empêche pas que les souris, si on les consultait, ne se contenteraient pas de renvoyer *Minet* du grenier, pour y introduire *Raton*.

Elles diraient : — Pas de chat!

Le peuple souverain n'en est pas encore venu à comprendre ce que comprennent les souris!

A chaque nouvelle Révolution, il me fait l'effet de ces enfants qui dansent en rond, en chantant :

Promenons-nous dans les bois,
Pendant que le loup n'y est pas!
— Loup, y es-tu?

— J'y suis! — répond le loup.

Et le gouvernement, qui *était toujours là*, en effet, vous coffre, vous sabre, vous croque à belles dents.

Quant à vous, vous détalez en criant : — La prochaine fois, nous en prendrons un autre!

Pauvres Calinos!

XXIX

Ce qu'on trouve sous tout Gouvernement.

Quand on désarme le peuple pour armer le Pouvoir, le grand argument, c'est qu'il faut créer une force indépendante qui, planant au-dessus des passions et des intérêts des partis, assure le triomphe de la loi et de la justice uniformes pour tous, une force pondératrice dont le rôle soit de s'identifier avec les volontés et les besoins de la majorité, de faire respecter les premières, de satisfaire les seconds, etc., etc., etc.

Cette théorie serait parfaite, si elle n'était absurde, si les faits ne l'avaient toujours démentie.

Quand le Gouvernement a-t-il joué, un jour, une heure, une minute, une seconde, ce rôle fantastique et providentiel qu'on lui attribue?

Et comment pourrait-il le jouer?

Quoi, le Gouvernement plane audessus des passions et des intérêts des *partis?*

Il s'appelle lui-même tantôt le *parti* conservateur, tantôt le *parti* républicain, et ne parle que des *intérêts* de ce *parti.*

Quoi, il assure le triomphe de la loi et de la justice égales pour tous?

Regardez donc un peu.

Il y a des lois, — bonnes ou mauvaises, — peu importe, — mais enfin elles existent.

Quel est le Gouvernement qui les a appliquées *toutes* indistinctement, — celles qui le gênent, comme celles qui lui sont favorables?

Quel est le Gouvernement qui n'en laisse pas dormir une bonne moitié, — soit l'une, soit l'autre, — suivant le caprice des hommes au Pouvoir?

Quel est le Gouvernement qui ne s'arroge pas le droit d'interpréter à sa guise celles qu'il met en mouvement, et d'en *fausser*, ou d'en *forcer* l'application?

Voici le code, et voici la Constitution.

Le Gouvernement dit *blanc*, et l'opposition, quelle qu'elle soit, dit *noir*.

Qui a tort? qui a raison? — Ce n'est pas la question.

Un fait domine tout, c'est que si les hommes qui gouvernent disparaissaient pour faire place à d'autres, l'*interprétation de la loi et son application changeraient.*

Ce que ceux-ci dénoncent, interdisent et punissent, ceux-là le recommanderaient, l'approuveraient, le récompenseraient.

La légalité, — non vraie, mais pratique, — se déplacerait, le droit changerait, le devoir aussi, — pour les gouvernés. Ceux qui sont poursuivis poursuivraient, ceux qui jugent seraient jugés, ceux qui condamnent ne seraient pas absous.

Il n'y a donc ni justice assurée, ni loi positive, ni certitude du lendemain, avec les formes politiques de gouvernement.

Il n'y a que le règne du bon plaisir de la force.

Si elle est d'accord avec l'équité, par hasard, un moment, tant mieux.

Sinon, vous voyez ce qui vous arrive.

Et voilà cent fois que cela se renouvelle, malgré la grande Révolution, qui, ayant tout détruit, — sauf le principe politique du gouvernement, — voit disparaître ses plus précieuses conquêtes, depuis quatre-vingts ans, devant le développement délétère de ce principe meurtrier de toute liberté et de toute dignité.

Vous parlez de Louis XIV et du roi du Dahomey. — Vous vous frottez les mains en criant : — « Nous avons fondé le Pouvoir démocratique, qui nous donne la sécurité et représente la Souveraineté nationale.

Quand? — Où? — Comment?

Le 3 Septembre, crier : Vive la République! était un délit.

Le 4 Septembre, le délit était de crier : Vive l'empereur!

Six mois après l'Assemblée de Bordeaux criait : Vive le roi!

M. Thiers a occupé le Pouvoir, et alors il a été, en vertu de la fiction gouvernementale, la personnification de l'impeccabilité de l'Etat. Il représentait la nation. — En douter était une rébellion à la loi, c'était méconnaitre la volonté nationale.

— Vraiment?

— Oui, le 23 mai. — Mais le 24 mai, qui l'eût cru, qui l'eût dit, aurait été coucher au violon. — Le Gouvernement s'appelait Mac-Mahon.

Instantanément, comme on avale un verre de vin, il était devenu, à son tour, la loi et représentait la nation.

A six heures du soir, le cri : Vive Mac-Mahon! conduisait en prison.

A minuit, le cri : Vive Thiers! menait à Mazas!

Puis, vient une Constitution toute fraîche. — Vive la République! est légal.

Tout à coup, se révèle un nouveau Pouvoir : — la conscience du maréchal!

M. Jules Simon saute, la Chambre est dissoute, M. de Fourtou règne, et voilà que ceux qui, la veille, représentaient l'Etat, c'est-à-dire la loi, la Souveraineté nationale, sont supects, le nez par terre, et ne représentent plus rien du tout... aux yeux des gendarmes.

Est-ce que le pays a changé?

Est-ce que trente-huit millions de Français ont tourné trente fois en sept ans, du nord au sud, de l'est à l'ouest, comme autant de girouettes?

Non, c'est le Gouvernement qui, seul, a changé, tourné.

Mais alors, lequel de ces innombrables gouvernements a représenté la loi et la volonté nationale?

Et à quel moment?

Trouvez-moi, dans cet admirable mécanisme politique du Pouvoir unifié et centralisé, la certitude du lendemain et la stabilité que l'on prétend donner aux gouvernés, en échange de leur liberté!

Vous voyez bien que cela ne représente que les passions et les volontés des hommes au Pouvoir, qu'il n'y a là ni règle, ni principe, ni garantie quelconque, que c'est l'état de guerre en permanence, que le Gouvernement n'est qu'une place forte, où chaque parti pénètre, à son tour, par la violence, et d'où il tyrannise et terrorise ses adversaires, et qu'occupé toujours à se défendre, à écraser ses ennemis, il ne vous a jamais donné et ne vous donnera jamais la liberté.

Enlevez les faux nez constitutionnels, parlementaires, représentatifs, et vous ne trouverez derrière que

L'ESCLAVAGE DANS LE GACHIS!

CONCLUSION.

Faut-il réellement une conclusion à ces pages?

N'y est-elle pas écrite à chaque ligne?

N'en ressort-il pas ceci :

Que le *principe d'autorité* étant la négation même de l'*idée révolutionnaire,* toute Révolution qui fera appel au principe d'autorité, — sera perdue ;

Que vouloir fonder la Souveraineté du peuple sur le système Unitaire, Centraliste et Gouvernemental, — c'est justement déposséder la Souveraineté du peuple;

Que le *Parlementarisme* républicain est aussi impuissant à résoudre le problème social, que le serait le Pouvoir personnel monarchique ;

Qu'il faut, enfin, faire succéder aux *formes gouvernementales,* — filles du passé, et qui représentent l'antagonisme des classes et des intérêts, des gouvernants et des gouvernés, des Dirigeants et des Dirigés, des exploiteurs et des exploités, des privilégiés et des dépouillés, des capitalistes et des salariés, — l'*organisme social* qui sera l'expression de la Solidarité et de la Justice?

N'en ressort-il pas que l'ÉTAT, étant l'organe de la *force,* ne peut être jamais, à aucun titre, sous quelque nom qu'il se dissimule, — l'organe du *Droit?*

Mais, — dit-on, — que mettez-vous à la place de l'Etat?

Comment remplacez-vous le Gouvernement?

Il faut bien, après tout, une organisation de la Société.

Qui remplacera l'Etat ? — Le peuple. (1)

Qui remplacera le Gouvernement ?— L'Association et le Groupement des *forces économiques*.

L'Organisation de la Société, de destructive deviendra productive, d'antagonique deviendra solidaire, d'oppressive deviendra harmonique, — en un mot, de *politique* deviendra *sociale*.

De quoi se composent les intérêts généraux, ou sociaux, sinon d'intérêts privés ?

Pourquoi, alors, ne vous *associez*-vous pas tout simplement pour les gérer en commun, les administrer en commun, — au lieu de vous donner des maîtres, — Monarques, Présidents, Représentants, — qui taillent, rognent vos libertés et vos droits, — et ne sauvent jamais que leur caisse et leur omnipotence ?

Les intérêts privés sont contraires et contradictoires, — répond-on.

C'est une erreur : — ils sont solidaires.

Ce qui les sépare, c'est le privilége et l'anarchie qui en résulte. Ce qui maintient la force, c'est l'Etat.

Supprimez l'Etat politique, et, la force détruite, le privilège, — qui est la minorité et l'injustice, c'est-à-dire la négation de la loi scientifique, — disparait.

Je n'ai pas ici à faire de l'utopie, un projet de Constitution, ni à prévoir, ou indiquer le programme détaillé de cette évolution suprême.

C'est à vous, c'est à nous, c'est à tous, par l'initiative propre, de créer successivement ce nouveau milieu social, dont le point de départ sera :

L'Autonomie de la Commune, — molécule primordiale de tout l'organisme politique ;

L'Autonomie de la Corporation, — molécule primordiale de tout l'organisme social.

(1) On comprend bien ici que j'entends par *peuple*, non une classe déterminée, puisque les classes auront disparu, mais l'*universalité* des citoyens.

D'une part, les Autonomies communales se relieront par l'*organisation solidaire* des SERVICES PUBLICS, — qui tiendra lieu de ce qu'on a appelé jusqu'à présent — l'ETAT.

D'autre part, les Corporations, en s'associant, en s'unissant, donneront l'*organisation complète* des FORCES PRODUCTIVES, — succédant enfin à cette enrégimentation des forces destructives qu'on a appelée jusqu'à présent — le GOUVERNEMENT.

Alors, la Révolution ne sera pas terminée, mais fondée.

Elle passera de la période de fièvre à la période d'évolution, de la période violente à la période régulière.

Elle changera de nom. — Elle s'appellera le progrès, — le progrès de chaque jour, sur tous les points à la fois.

TABLE DES MATIÈRES

www.ingramcontent.com/pod-product-compliance
Ingram Content Group UK Ltd.
Pitfield, Milton Keynes, MK11 3LW, UK
UKHW020321180726
13839UKWH00002B/514

9 782329 389233